구옥 리모델링
VINTAGE INTERIOR

전원속의 내집 엮음

HANOK · PRIVATE HOUSE · WORK SHOP ·

CONTENTS

chapter 01.
한옥

- (006) 가장 좋은 우리의 집, **21일간 고친 한옥**
- (016) 시골 마을에서 만난 여유와 사계절, **서천 임안재[稔安齋]**
- (028) 서울 한복판, **네 식구의 따뜻한 한옥**
- (038) 70여 년 세월 머금은 **한옥의 변신**
- (048) 살아 있는 디테일의 매력 **성북동 한옥**
- (058) 종갓집 고택 + ALC 주택 **경주 효우당[孝友堂]**
- (070) 평생 살아온 집을 고치다, **60년 된 청송 한옥**
- (080) 간결한 프레임 자연 담은 **속초 한옥**

chapter 02.
민가

- (098) 비우는 만큼 채워지는 **경산 토끼집**
- (106) 딸이 이뤄준 어머니의 꿈, **60년 된 한옥의 담백한 개조기**
- (118) 근심을 잊게 하는 집, **예천 망우헌[忘憂軒]**
- (128) 마음의 풍경을 잇다, **제주 위미 주택**
- (140) 작은 무대가 있는 시골집, **고창 농가주택**
- (148) 한옥 마니아의 도전 **용인 희담재[喜談齋]**
- (158) 옛 추억에 디자인을 더한 **진교 농가 리모델링**
- (168) 자매가 집을 기억하는 법, **시골집을 고쳐 해안에 머물다**
- (176) 유년의 꿈을 집에 그려낸 **서산 청운재**
- (186) 담양에서 '기록'한 **슬기로운 귀촌 라이프**

chapter 03.
작업실 & 스테이

- 198 한옥에서 자연과 여유를 팝니다, **르꼬따쥬[Le Cottage]**
- 208 제주 해변, 오래된 돌집 **오후만 있던 일요일**
- 220 어릴 적 기억을 불러오는 **공주 봉황재 모던 한옥**
- 230 제주 동북쪽, 조천 앞바다에 몸을 누인 **눈먼고래**
- 240 그림 그리는 남편과 **수놓는 아내가 사는 집**
- 248 따뜻하고 우아한 삶, **장성 스테이 196**
- 258 여행이 시작되는 곳 **강화도 감성공간[感性空簡]**
- 266 서툴지만 다정한 집 **Studio_13**
- 278 한옥을 개조한 티 콘서트장, **카페 메르시**
- 286 여행길의 영감이 가득한 **구례 지결하우스**
- 296 1940년대 구옥 리노베이션, **뉴트로 스타일로 고친 집**
- 306 돈 안 되는 아이템만 모은 자발적 기획공간, **공주 원도심 고마다락**

- 314 구옥리모델링 체크리스트
- 318 본문 색인[Index]

※ 표지 사진은 198쪽에 실린 강릉 르꼬따쥬의 실내 전경입니다.
※ 본 도서에 실린 구옥 리모델링 사례는 월간 <전원속의 내집>의 취재를 통해 게재된 수많은 주택 사례 중 관련 내용을 엄선하여 재편집한 콘텐츠로, 구체적인 출처는 색인에 명기하였습니다.

chapter 01

한옥 Hanok

단순히 춥고 불편하기만 한 옛집이 아닌 '현재의 주택'으로서의 재조명.
우리네 삶과 정서가 살아있는 한옥이 다시 우리 곁에 찾아온다.

가장 좋은 우리의 집,
21일간 고친 한옥

어쩌다 우연히 살게 되었지만, 하루하루 지낼수록 이제는 운명이라는 생각이 든다. 그렇기에 가장 좋은 세 식구의 따뜻한 한옥.

01

마당을 보며 편안한 시간을 보낼 수 있는
사랑채 내에 마련된 서재 공간.

60살도 넘은 오래된 이 한옥이 돌쟁이 어린 딸을 둔 젊은 부부의 보금자리가 된 건 2017년 10월. 이사 일정에 명절 연휴까지 겹쳐 3주 만에 급히 공사를 마치고 입주했지만, 집은 세 식구의 삶을 모자람 없이 꽉꽉 채워준다. 마당이 있는 가족만의 독립된 주거 공간을 늘 꿈꿔왔지만, 사실 부부가 처음부터 한옥을 염두에 둔 건 아니었다.

"우연히 인터넷에 매물로 나온 이 집을 보았어요. 정릉에 몇 남지 않은 오래된 한옥이었죠. 관리 상태가 좋아 조금만 손을 보면 우리가 원했던 집이 될 수 있겠다 싶었어요."

붉은 벽돌을 입은 개량 한옥쯤 되는 집이었다. 벽돌은 한옥의 나무색과 잘 어울렸고, 창 또한 예전 창살의 모양을 그대로 간직하고 있어 이 부분은 최대한 손을 대지 않기로 했다.

단, 중앙에 아늑한 마당을 가지고 있었지만 어색하게 덧대어진 현관과 폐쇄적인 사랑채로 인해 대문, 본채, 사랑채가 제각각 독립적인 모양새였다. 본래 한옥의 모습처럼 마당을 중심으로 공간들이 서로 엮일 수 있는 방법에 대한 고민이 이어졌다.

먼저 대문에서부터 본채까지 폴딩 도어를 설치하여 기존의 오래된 대문이 따로 분리되지 않고 직접적인 현관 역할을 하도록 했다. 간단한 변화였지만, 이로 인해 가족은 언제든 마당에 한 발짝 더 가까이 다가갈 수 있게 되었다. 넓어진 거실과 주방은 일자로 정렬시켜 요리를 좋아하는 부부가 음식을 하면서도 서로 대화하고 소통할 수 있는 소소한 배려도 잊지 않았다.

"시간을 찾는 작업이었어요. 곳곳에 숨겨진 예전 한옥의 정취가 다시 이곳에 드리웠으면 했고, 가족이 생활하는 데 불편함 없는 공간을 계획하는 것이 목표였죠. 거창하지 않지만, 아늑하고 따뜻함을 담은 공간들이 만들어지길 원했습니다."

건축가의 바람대로 부부가 쉬이 결정을 내릴 수 없게 했던 한옥의 불편함은 살아가는 데 큰 영향을 주지 않았다. 물론 포기해야 하는 것이 없진 않지만, 한옥에 살기에 오히려 부지런해지고 건강해짐을 느낀다고. 부부는 앞으로 마당에서 딸과 함께할 날들을 그려본다.

1 - 붉은 벽돌 옷을 입은 한옥. 오랜 시간을 함께한 잘 관리된 대문이 눈길을 끈다.
2 - 사랑채와 본채가 중정을 감싸 안은 한옥.

House plan

대지위치 서울시 성북구 | **대지면적** 132m²(39.93평) | **건물규모** 지상 1층(본채 1동, 사랑채 1동) | **건축면적** 89m²(26.92평) | **연면적** 89m²(26.92평) | **건폐율** 67.42% | **용적률** 67.42% | **최고높이** 3.5m | **외부마감재** 외벽 - 기존 적벽돌 / 지붕 - 기와 | **창호재** 제작 창호 및 폴딩 도어 | **에너지원** 도시가스 | **조경석** 콩자갈 | **설계·시공** sommm+associates(박인환, 차승익, 김수희, 임태경) 070-4197-6679 https://sommm.kr

3 - 3주 남짓의 기간 동안 철거, 보수, 마당 데크 작업 등을 거쳐 집이 새 옷을 갈아입었다. 대문과 본채를 잇는 폴딩 도어를 설치한 덕분에 가족은 날씨와 계절에 상관없이 마당 생활을 즐길 수 있게 되었다.

4 - 단열 좋은 시스템 창호 안쪽으로 예전 창을 그대로 남겨 한옥의 분위기를 잘 살려냈다.

5 - 창 없이 어두웠던 욕실은 밝은색의 타일과 도기, 샤워기구 등의 교체로 화사해졌다.

Section

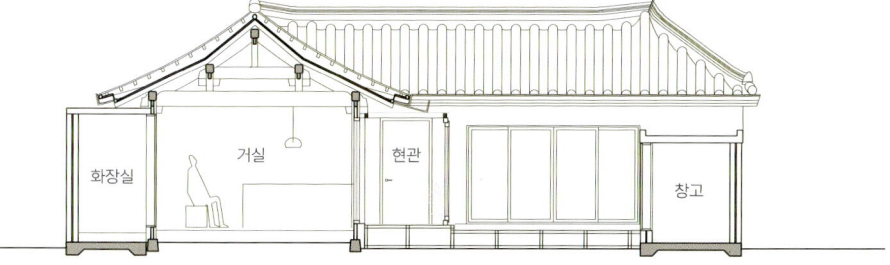

6 - 거실 벽 뒤로 드레스룸을 배치했다. 문 대신 패브릭 커튼을 설치해 답답하지 않게 두 실을 분리하는 효과를 냈다.
7 - 아내가 좋아하는 것들로 가득 채워진 거실 수납장. 곳곳에 자리한 식물이 공간에 생기를 더한다.
8 - 주방과 거실은 나란히 배치하여 효율적인 동선을 실현했다. 우측으로 두 개의 방이 자리한다.

Plan

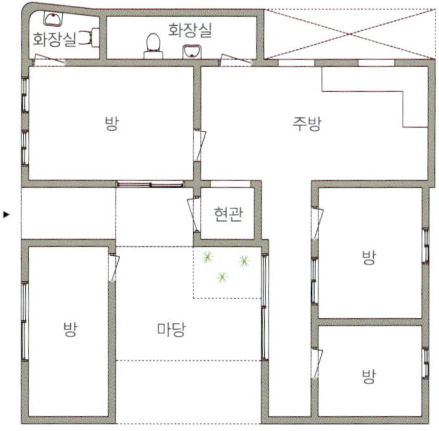
BEFORE

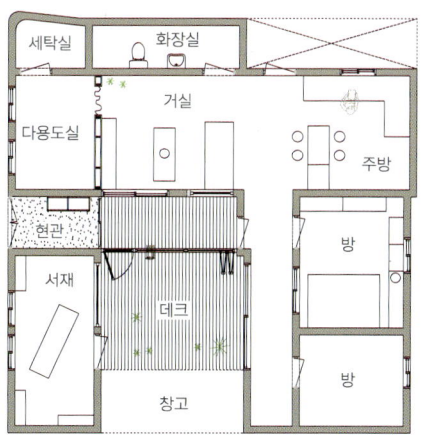
AFTER

Interior

내부마감재 벽 - did 벽지 / 바닥 - 구정마루(우물마루 시공) | **욕실 및 주방 타일** 국산 모자이크 타일 | **욕실기기** 대림바스, 세비앙 | **데크재** 19mm 방킬라이 | **가구** 제작 가구(비비드 카사 www.vividcasa.com) | **식물 및 스타일링** 스타일지음 www.stylejieum.com | **가족 일러스트** 장재민 작가

9 - 서까래가 노출된 거실. 거실을 막고 있던 현관 부분을 철거해 창을 통해 내부 가득 따스한 해가 들도록 했다.

10 - 벽면 한 쪽을 장식한 세 식구의 일러스트. 아늑한 마당을 가진 한옥은 앞으로 커갈 아이와 그 모습을 지켜볼 부부에게 많은 추억과 이야깃거리를 선물해줄 것으로 기대된다.

11 - 숙면과 휴식을 위해 최소한의 가구만 배치한 부부 침실.

시골 마을에서 만난 여유와 사계절, 서천 임안재 箖安齋

02

오랫동안 귀촌을 준비한 끝에 만난
대나무 숲 속 한옥. 그곳에서 부부는 집을 고쳐
새로운 일상을 준비한다.

오래 비워져 있었지만 비교적 온전했던 구옥 본채의 툇마루에서 바라본 주변 풍경. 한옥 프레임 사이로 이웃집이 고즈넉하게 들어오고, 집 주변을 두르는 대나무 숲은 생동감 넘치는 배경이 되어준다.

도시에서의 삶을 정리하고 귀촌을 결심한 전형진, 이향선 씨 부부. 비교적 지역 이동이 자유로운 사진작가, 프리랜서로 일하는 부부여도 실행에 옮기는 것이 쉬운 일은 아니었다. 4년여간 귀촌 정보를 모으면서 지역은 우선 충남 서천으로 정했다. 아내 향선 씨의 고향이 가까워 심리적으로 덜 부담스러웠고, 전북 군산시 시내까지 차로 30분 이내여서 도시 인프라를 누리기도 좋았다. 이후 지자체에서 운영하는 귀촌학교에 입소해 농촌을 배우고, 귀촌학교 선후배간 네트워크를 만들어 교류하며, 살아갈 마을과 집을 물색하는데 1년여의 시간이 걸렸다. 그러다 바다가 가깝고 조용한 한 마을에서 이장님을 통해 오래된 한옥을 소개받았다.

"백여 년을 견뎌냈다는 고즈넉한 여유로움에 운명처럼 새 보금자리로 낙점했죠."

집을 고쳐나가는 일은 평소 단골 카페에서 교류하며 친분과 의견을 나눠온 디디건축사무소의 이정섭 소장과 의기투합했다. 이 소장은 한옥을 점검하고 선택할 것과 집중할 것을 분류했다. 한옥을 구성하는 네 채 중 구조가 튼튼하게 남아 있는 본채를 살리는 데 집중했고, 부속동 두 채는 철거 후 여건이 되면 증축하는 것으로 방향을 정했다.

한옥 외관을 유지하면서 가장 크게 손을 본 부분은 바닥과 벽체. 한옥의 특징인 공간별 바닥 레벨 차이를 균형 있게 맞추고, 대청마루가 실내로 바뀌면서 난방 공사가 뒤따랐다. 벽체는 단열재를 강화한 경량목구조로 새로 세웠다.

실내는 주방을 지나 안으로 들어서면 거실과 작업실이 자리했고, 안쪽 깊숙한 곳에 두 방과 욕실이 배치됐다. 전반적으로 벽과 기둥, 천장 서까래가 화이트와 우드컬러의 전통적인 조화를 이루는 가운데, 뒷마당과 연결된 창은 그 너머 대나무 숲을 액자처럼 비춘다.

곧 태어날 예정인 아이와 함께 집에서 만들어 나갈 앞으로가 더욱 설렌다는 부부. 건축가는 이들에게 대나무숲이 병풍처럼 지켜주는 이곳에서 가족이 편안한 삶을 누리길 바라며 '임안재'라는 집 이름을 선물했다. 그 이름처럼 포근한 농촌 라이프를 이어가기를.

before

1 - 마루에 앉은 부부의 다정한 모습에 행복감이 절로 느껴진다.
2 - 마루 디딤돌은 오랜 세월 지역을 지켜온 장항제련소에서 채취한 돌로 만들어 정취를 자아낸다.

마루와 넓은 창이 확장감을 주는 거실.

House plan

대지위치 충청남도 서천군 | **대지면적** 1001.00m²(303.33평) | **건축규모** 지상 1층(정면 6칸, 측면 3칸) | **건축면적** 150.25m²(45.53평) | **연면적** 147.70m²(44.75평) | **건폐율** 15.01% | **용적률** 14.76% | **주차대수** 1대 | **최고높이** 4.88m | **구조** 한식목구조(기존) + 경량목구조(보강 벽체) | **단열재** 그라스울 24K 가등급 | **외부마감재** 벽 - 시멘트보드 위 페인트 마감 / 지붕 - 속기와(기존) 위 방수 페인트 | **에너지원** 기름 겸용 보일러 | **조경 및 시공** 건축주 직영공사 | **설계** DD건축사무소 070-4799-1009 www.archi-dd.com

3 - 구옥에서 주방이었던 곳은 그대로 주방 겸 식당이 되었다.
4 - 식당 출입구 옆 아궁이 자리는 수납장을 구성해 활용도를 높였다.
5 - 세면대와 욕실이 마주보는 공간. 한가운데 자리한 창은 늘 푸른 대나무 숲을 한 폭의 그림처럼 감상할 수 있는 포인트 중 하나다.

Interior

내부마감재 벽 - 9.5T 일반 석고보드 2겹 위 친환경 페인트 / 바닥 - 구정마루 강마루 허니티크 | **창호재** LG 하우시스 PVC 시스템창호(트라이캐슬 3중 로이유리) | **욕실 및 주방타일** 대동타일(포세린 타일, 모자이크 타일) | **수전 및 욕실기기** 아메리칸스탠다드, 금산도기(수입) | **주방가구 및 붙박이장** 현장제작(18T 자작나무 위 오일스테인 2회) | **조명** 을지로 국제조명(LED 펜던트 등, T5) | **현관문** 제작(갈바 위 불소수지도장) | **방문** 영림도어 ABS도어

6 - 거실 벽에는 책장을 만들어 서재처럼 꾸몄다. 옆 창으로는 언제든 바깥을 오갈 수 있다.

7 - 서까래를 드러낸 안방 창문에는 프라이버시를 위해 한식 창살을 짜 넣었다.

8 - 큰 창과 테이블, 펜던트 조명을 활용해 카페 같은 분위기를 연출했다.

Plan

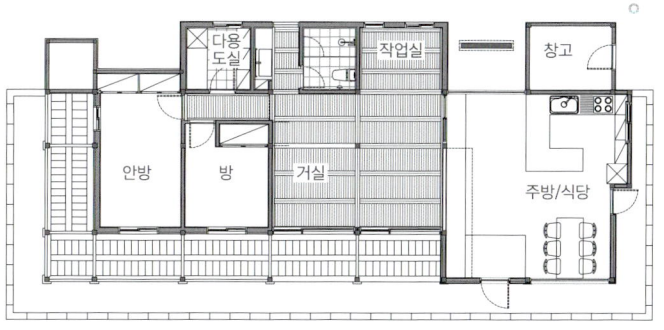

1F

Owner's Tip
"귀농과 귀촌은 구분해서 준비하세요"

흔히 귀농·귀촌이라는 표현으로 묶지만, 사실 이 둘은 겹치기도 하면서 어느 정도 다른 개념이다. 귀농은 농촌 이주와 함께 직업 농업인이 되겠다는 의미고, 귀촌은 주거지만 농촌으로 이동하는 것에 가깝기 때문. 그래서 준비도 다를수 밖에 없다. 상당수 귀촌학교는 지자체에서 운영하는 것(건축주 부부는 서천군 귀촌학교 수료)으로, 기본적인 농촌 사회 분위기나 대처 요령, 처세를 세밀하게 가르쳐주지만, 농업을 본격적으로 배우고 싶다면 무조건 농촌으로 가기보다 오히려 수도권 농업기술센터나 서울, 인천, 경기도에 위치한 농업학교(세부 명칭은 다름)가 더 나을 수 있다.

대문이 있는 사랑채는 현재 먼저 외부를 손보고, 내부는 천천히 여유가 생기는 대로 고쳐나가기로 했다.

Remodeling Process
리모델링 공사 과정

❶ 배관 - 실 배치에 맞춰 모든 배관을 새로 시공하면서 공간별로 다른 레벨을 맞췄다.

❷ 철거 - 단열과 기밀에 취약했던 기존 흙벽을 철거했다.

❸ 조적 - 공간 배치에 맞춰 벽체를 새로 조적하며 후면 증축부를 보강했다.

❹ 설비 - 실내 바닥에 난방 XL관을 배관했다.

❺ 콘크리트 - 레벨에 맞춰 바닥 방통 공사를 했다.

❻ 목공사 - 철거한 벽체를 대신해 경량목구조에 단열을 보강한 벽체를 세웠다.

❼ 방수 - 지붕 방수페인트 처리와 함께 벽체에 투습방수지를 시공했다.

❽ 가구 - 실내 바닥재(마루) 공사와 책장, 창살 등 소목 과정을 진행했다.

❾ 타일·가구 - 주방 가구를 직접 제작하면서 벽체 및 바닥에 타일을 마감했다.

서울 한복판,
네 식구의 따뜻한 한옥

청와대와 삼청동 사이, 팔판동이라 불리는
작은 동네에 네 식구가 이사를 왔다.
다소 불편해지는 삶이 두렵지 않았던
가족의 첫 한옥.

03

작은 동네에 차분히 내려앉은
한옥으로 이사 온 후, 결이는 웃음이
더 많아졌다.

조용한 골목길 초입에 살포시 내려앉은 한옥. 정병진, 변진경 씨 부부와 결이, 설이 남매가 사는 집이다.

"처음엔 한옥에 살아야겠다는 마음보다 이 동네로 이사 오고 싶다는 마음이 컸어요. 서울의 가장 중심지이면서 서울답지 않은 곳이란 생각이 들었죠."

매주 금요일을 '집 구하러 가는 날'이라 정하고 발품을 팔았지만, 매물이 많지 않아 허탕 치기 일쑤. 조건에 맞는 집을 찾기란 여간 어려운 일이 아니었다. 6개월쯤 흘렀을까. '팔판동'이라는 낯선 이름의 동네에서 이 집을 만났다. 이웃집과 오래된 소나무에 안긴 모습은 네 식구의 마음을 사로잡기 충분했다. 길가 키 큰 은행나무, 인왕산의 능선, 경복궁의 담벼락도 작은 한옥의 조경이 되어주었다.

집은 구했지만, 오래된 한옥이라 대수선이 필요한 상태였다. 결국, 이삿날과 공사기일이 맞지 않아 가족은 근처 에어비앤비(Airbnb) 한옥에서 한 달을 지냈다. 어린 아이들을 데리고 이곳저곳 옮겨 다니려니 불편하기도 했지만, 동네 구석구석을 알게 되었고 다른 한옥은 어떤지 살펴볼 수 있었던 시간이었다.

"이사 오면서 침대를 다 없앴어요. 방바닥은 뜨끈한데, 살짝 감도는 차가운 공기 덕분에 오히려 기분이 산뜻해지더라고요."

50m² 한옥에서의 생활은 한마디로 '대만족'. 이전 집보다 면적이 많이 줄어든 덕분에 비우고 또 비우는 진정한 미니멀리즘을 누리는 중이다. 아이들이 어려 아직 방을 같이 쓰고 있지만, 시간이 지나 각자의 방이 필요할 땐 공간을 다시 잘 배치해볼 계획이다.

주방 옆 툇마루에 앉아 작은 소반을 앞에 두고 도란도란 대화를 나누는 시간, 나른한 오후에 즐기는 일광욕, 주말 저녁 마당에서 호호 불며 먹는 라면에도 웃음이 난다는 가족. 조금은 부족하고 조금은 불편할 수 있는 삶이 어쩌면 더 풍요로움을 가져다주는 건지도 모르겠다.

before

1 – 팔판동 초입에 위치한 네 식구의 한옥. 주변 이웃집과도 잘 어우러져 있다.

2 – 사랑채는 옷을 짓는 엄마 진경 씨의 작업실로 사용하고 있다.

3 – 한옥의 정면 모습.

재주 많은 진경 씨의 작업실.

House plan

대지위치 서울시 종로구 | **대지면적** 99.20m²(30.00평) | **건물규모** 지상 1층 | **건축면적** 50.51m²(15.27평) | **연면적** 50.51m²(15.27평) | **건폐율** 50.91% | **용적률** 50.91% | **주차대수** 2대 | **구조** 기초 - 잡석지정 + 주춧돌 | **단열재** 압출법단열재 특호 70mm | **외부마감재** - 화강석 정다듬 사고석 + 점토벽돌 한식쌓기 / 외벽 - 산자엮기 + 황토미장 + 한식 회벽 마감 | **창호재** 한식 이중 목창호(여닫이 T4 유리 + 미닫이 T16 복층유리 + 방충망) | **에너지원** 도시가스 | **조경석** 기단 - 화강석 정다듬, 경계석 - 화강석 정다듬 통석(기존 사용), 마당 바닥 - 화강석 잔다듬 우물깔기 | **시공** 엄경호 | **설계** 139_건축조형연구소 (윤병훈+문선영) http://blog.naver.com/architect139 | **총공사비** 약 1억8천만원

4 - 다이닝 공간은 이전 집의 서까래를 그대로 살려 운치 있게 마감했다.
5 - 화이트 컬러로 깔끔하게 꾸민 주방.

Section

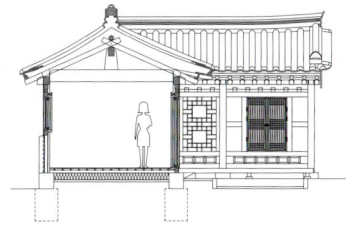
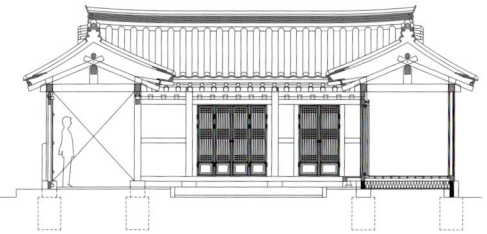

Interior

내부마감재 벽, 천장 - 삼화 친환경페인트 / 바닥 - 동화자연마루 | **욕실 및 주방 타일** 동명세라믹 | **수전 등 욕실기기** 대림바스 | **주방가구** 구름퍼니처 | **조명** 은전사 | **대문 · 중문 · 방문 · 쪽마루** 국내산 육송

6 - 문을 열면 마주하게 되는 거실. 미닫이문으로 필요에 따라 공간을 분리할 수 있다. 문 너머엔 욕실과 주방이 배치되었고, 벽에는 친정어머니가 첫 손녀를 위해 마련해줬던 작은 이불이 걸렸다.

7 - 방 한편에 마련해준 아이의 놀이 공간.

8 - 주방 앞 툇마루는 가족이 가장 좋아하는 공간이다. 마당 옆으로 자리 잡은 옛 담장이 고즈넉한 분위기를 더해준다.

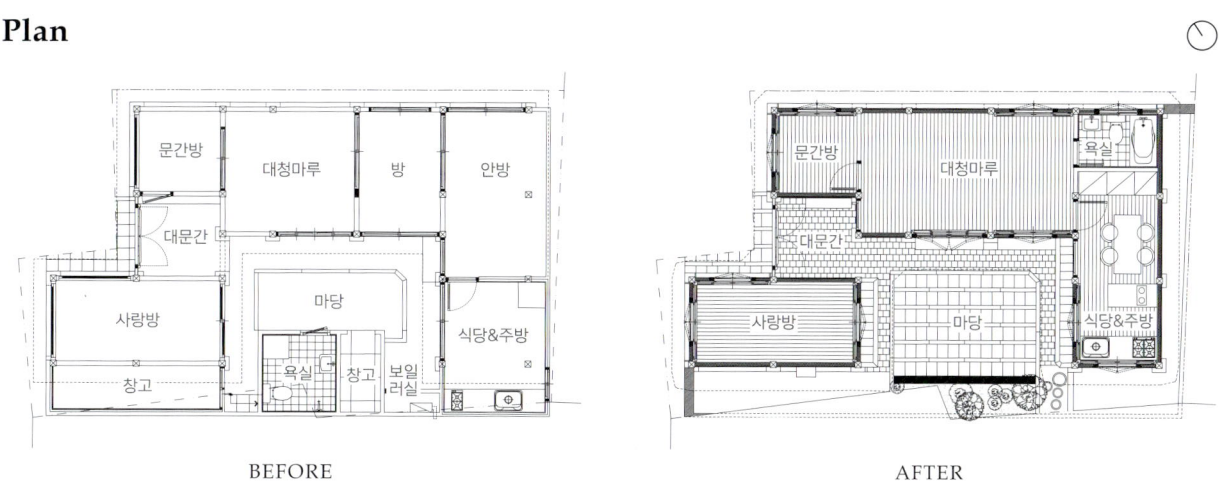

Plan

BEFORE

AFTER

70여 년 세월 머금은 한옥의 변신

04

시골에 조그만 한옥을 짓고 텃밭을 가꾸며 살고 싶다던 소박한 꿈이 이루어진 순간. 구경 삼아 들렀던 옛집은 부부의 보금자리가 되었다.

대문을 열면 마당 너머 보이는 집은 1943년에 지어졌다. 처음엔 거의 보수를 거치지 않아 많이 낡기는 했지만, 흙벽과 구들장이 그대로 남아 있었다.

"첫눈에 반했어요. 양지바른 곳에 지어진 그 모습이 어린 시절 살았던 시골집을 떠오르게 했죠. 집터를 고르며 가장 중요시했던 계곡도 없었지만, 그건 아무런 문제가 되지 않을 만큼 이 집이 마음에 들었던 것 같아요."

집 하나만 보고 선택한 곳이라 기존의 외형과 구조만큼은 그대로 살리고 싶었던 그녀의 마음과 다르게 주위에선 모두 리모델링을 말렸다. 웬만하면 새로 지으라며 몇 번이고 들러 설득하는 마을 이웃도 있었다. 그러나 그녀와 남편이 이 집을 구입하기로 마음먹은 이유는 예전 모습을 오롯이 간직하고 있었기 때문. 집이 아주 낡았음에도 신축할 생각은 전혀 없었다.

공사 중간중간에도 이건 돈 버리는 일이라는 우려의 목소리가 나올 만큼 리모델링 과정은 쉽지 않았다. 정답이 없었기 때문에 온전히 서로의 의사소통만으로 공간을 구현해나갔다. 낡고 오래되어 새로운 손길이 닿아야 할 곳은 70년이 넘은 집과 낯설지 않도록 자연스레 녹여냈다. 긴 기다림의 시간이 지나자 부부가 머릿속에만 그려왔던 집의 형태가 서서히 갖춰지기 시작했다. 어느 정도 마무리 단계에 접어들었을 땐 지나가던 마을 어르신이 엄지를 치켜세워줄 정도로 만족스러운 결과물이 나와 주었다.

부부는 생활방식을 고려해 공간별로 우선순위를 정했다. 천장에 단열재를 추가한 안방과 서까래를 노출해 한옥의 느낌을 잘 살려준 거실과 주방, 작지만 실용적인 화장실, 구들장을 재현한 사랑방 등을 18평 한옥 속에 꾹꾹 눌러 담았다.

"비가 오면 비가 내리는 풍경에 취하고 눈이 오면 눈이 오는 풍경에 취해 툇마루에 한참을 앉아 있어요. 구불구불 서까래나 대들보는 그 자체로도 충분히 좋아요."

전통문을 통해 들어오는 달빛을 누리는 호사는 옛집에서만 느낄 수 있는 멋이다. 1943년 시작된 이야기를 앞으로 계속 써 내려갈 수 있다는 것만으로도 행복하다는 두 사람. 한옥을 고치고 얻은 기쁨은 부부의 삶의 방향까지 바꾸는 동력이 되었다.

1 - 마당을 품은 'ㄱ'자 한옥의 전경.
2 - 한옥의 별채 쪽 외관. 새로 만든 문과 창도 모두 옛집의 느낌을 그대로 담아냈다.
3 - 별채 내부는 아궁이가 있던 곳을 일상에 맞춰 보조 주방과 다이닝 공간으로 만들었다.

4 - 툇마루는 주변 풍경을 편안히 감상하기에 최고의 장소가 되어준다. 집 뒤의 작은 텃밭에서 가꾼 채소로
상 차리는 재미도 쏠쏠하다.
5, 6, 7 - 부부의 취향이 더해진 소품들이 집안 곳곳에 놓여 한옥의 고즈넉한 분위기를 더욱 빛내준다.

Section

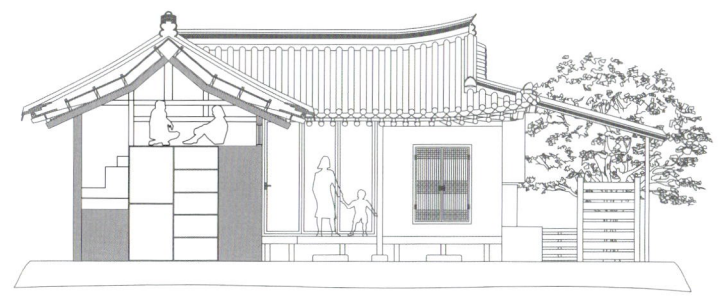

8 - 하얀 벽과 나무 바닥으로 아늑함을 살린 안방.

9 - 툇마루에 걸터앉아 자연을 바라보며 만끽하는 여유로운 시간.

10 - 서까래가 그대로 노출된 주방은 'ㄷ'자로 배치해 동선의 편의를 높였다. 오른쪽에는 화장실이 위치한다.

House plan

대지위치 경기도 | **대지면적** 740m²(223.85평) | **건물규모** 지상 1층 | **건축면적** 59.94m²(18.13평) | **연면적** 59.94m²(18.13평) | **공법** 한옥 목구조 | **지붕마감재** 컬러강판(기와 모양) | **단열재** 그라스울 24K 90mm, 열반사단열재 12T(이중단열) | **외벽마감재** 회벽 마감 | **창호재** 한지 창호 + KCC PVC 시스템창호 + 알루미늄 제작 창호 | **에너지원** 가스보일러 | **설계 및 시공** 모루초디자인 070-8860-9323 www.morucho.com

Interior

내벽마감재 노루표 친환경 수성페인트(사랑방 : 한지벽지) | **바닥재** 온돌마루(내부), 느릅나무마루재(외부 대청마루), 종이바닥재(사랑방) | **욕실 타일** 정운도기 타일 | **수전 등 욕실기기** 아메리칸스탠다드 | **주방 가구 및 붙박이장** 모루초디자인 제작 | **조명** 조명팩토리 | **계단재** 멀바우집성재 | **현관문 및 방문** 모루초디자인 제작(현관문 : 방킬라이 + 금속프레임 리폼 / 방문 : ABS도어 + 현장 도장, 오래된 전개문 및 창살도어 고재상에서 구입)

Plan

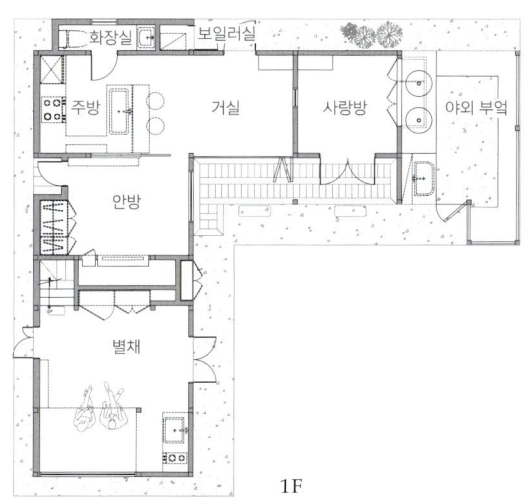

11 - 별채 속 비밀스러운 다락 공간.
미닫이창을 열면 마당이 한눈에 들어온다.

12 - 따뜻한 사랑방 구들장에 몸을 누이면
어릴 적 시골집 분위기가 고스란히 전해진다.

13 - 기존에 아궁이가 있던 공간을 사용하기
편리하게 고쳐 야외 부엌을 만들었다.

14 - 폴딩 도어를 사이에 두고 거실과
툇마루가 자리한다. 필요에 따라 여닫아
공간을 활용할 수 있도록 했다.

살아 있는 디테일의 매력
성북동 한옥

전주에서 어린 시절을 보내서일까, 늘 한옥을 동경해왔던 패션 디자이너. 식당이었던 옛 한옥을 만나 자신의 브랜드 매장과 오피스로 재탄생시켰다.

(05)

오랜 시간이 켜켜이 쌓여 고즈넉한 분위기를 내는 성북동. 틈틈이 한옥의 흔적을 가지고 있는 집들이 오랜 풍경처럼 자리한 거리에 검은 벽돌과 깔끔하게 정리된 처마의 한옥이 단정하면서도 힘을 가진 존재감을 내고 있다.

중정에서 바라본 하늘 풍경에 깊은 인상을 받았다는 건축주 유달리 씨. 그녀는 이 아름다움을 꼭 살리고 싶었다. 그렇게, 식당으로 사용되던 성북동 한옥에 변화가 시작됐다.

그녀는 한옥이 동네와 조화를 이루면서도 특별하기를 바랐다. 이에 벽돌 컬러를 블랙으로 지정해 차별화하면서도 모듈의 크기는 이웃 주택들과 비슷한 크기로 맞춰 동질감을 부여했다. 외관은 한옥의 느낌을 살리는 반면에 내부는 모던한 미니멀리즘을 추구하고자 했고, 작업 책상과 수납장 등의 컬러와 디자인은 계속된 고민의 결실이었다.

중정 처마의 아름다움을 드러내기 위해서는 물받이 디테일이 해결해야 할 과제로 남았다. 에스플러스 김치선 소장은 벽체 위에 물받이를 설치하고 내부 관을 통해 배수를 처리함으로써, 외부에서는 그것들이 전혀 보이지 않게 시공했다. 바닥 배수를 위한 '트렌치'에도 이런 디테일이 숨어 있다. 화강석으로 만들어진 트렌치는 가운데 라인을 넣어 파낸 형태로 제작되었다. "이런 형태로 석재를 깎게 되면 자체의 무게와 구조 때문에 깨질 수밖에 없다"는 석공의 반대도 있었지만, 석재를 받치는 부분과 가운데 갈라진 부분을 지지하는 스페이서 형태의 금속재로 해결했다.

실내 공간은 오피스, 대표실, 회의실 등 크게 세 영역으로 나뉜다. 평소에는 열어 두어 중정을 중심으로 개방감을 주고, 분리된 공간이 필요할 때는 연동도어를 닫아 세 공간으로 구분을 줄 수도 있다. 특히 연동도어는 옆의 수납장과 컬러와 형태를 맞춰 도어를 완전히 벽 안으로 수납할 수 있도록 했다.

"비와 눈이 오는 날 사무실에 앉아 중정을 바라보면 그렇게 아름다울 수가 없어요."

지금은 사무실로 사용하고 있지만, 이 집을 만끽하기에는 부족함이 없다. 언젠가 온전한 주거공간으로서 이 한옥을 즐기고 싶다는 그녀의 목소리엔 설렘이 가득하다.

1 - 처마를 깔끔하게 정리해 아름다움을 살린 중정. 기울어진 주택을 바로잡으면서 배수에 적당한 구배도 잡았다.

2 - 한옥의 계단을 올라서면 오피스가 있는 한옥 공간이 나타난다.

3 - 손님을 반기는 입간판의 작은 화분과 수도꼭지 디테일이 앙증맞다.

House plan

대지위치 서울시 성북구 성북동 | **대지면적** 136m²(41.14평) | **건물규모** 지상 2층 | **건축면적** 81.11m²(24.53평) | **연면적** 135m²(40.83평) | **건폐율** 59.55% | **용적률** 99.26% | **지붕마감재** 전통기와 | **외벽마감재** 한국토형 전벽돌 | **창호재** 현장 제작 | **에너지원** 가스보일러 | **설계·시공** 에스플러스 디자인 김치선, 문유선 02-2647-8000 www.splusdesign.com

Plan

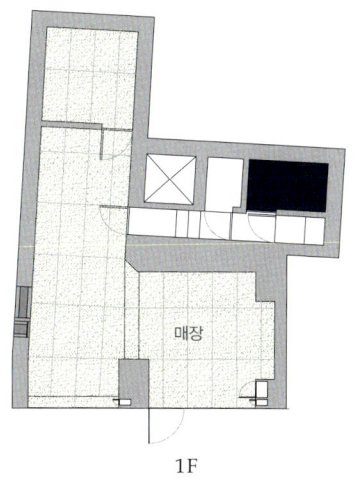

1F

2F

4 - 1층 매장 내부. 화이트로 깔끔하게 인테리어 했다.

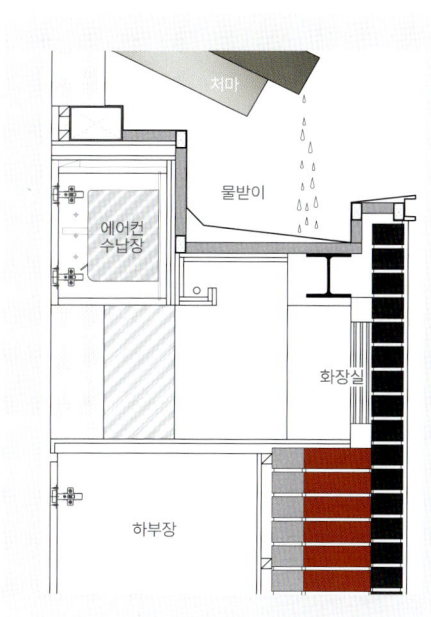

Check point

지붕을 타고 내려오는 물은 벽체 위 물받이로 떨어지고, 안에 삽입된 관을 통해 모아져 밖으로 배출된다. 뿐만 아니라 상단부에 등을 설치해 외부 처마 선을 살리는 간접 조명과, 내·외부에서 수납장 공간의 역할도 같이 한다.

연동도어와 창, 에어컨 등을 벽체나 수납장 안으로 넣어 군더더기 없는 깔끔한 실내 분위기를 연출했다.

5 - 외부 욕실은 샤워실을 분리해 다양한 필요에 대응한다.

6 - 중정 한편에 폴딩 도어를 달고 부엌을 넣어 중정을 활용한 파티 등을 즐기기에 좋다.

7 - 대표실은 조명 대신 지붕과 벽체가 접하는 부분을 유리로 처리해 낮에는 자연채광을, 밤에는 벽체 조명으로 간접조명 효과를 냈다.

Interior

내벽마감재 건화 고건축 | **바닥재** 오크우드 | **욕실 및 주방 타일** 유로세라믹 | **수전 등 욕실기기** 태왕 세라믹스 | **현관문** 현장 제작 | **붙박이장** 디자인허브

종갓집 고택 + ALC 주택
경주 효우당 孝友堂

1961년 지어진 이천 서씨 양경종가 고택. 살림의 불편함을 해결해나가다 보니 조금씩 사라져가던 정취가 증·개축을 통해 새롭게 되살아났다.

06

본채의 대청마루 너머로 보이는 차 공간. 실내는 한옥의 느낌을 그대로 이어가기 위해 행랑채와 본채 모두 천장, 테이블, 장식장 등에 고재를 적극 사용했다.

골목길을 들어서니 옛 정취가 물씬 풍기는 기와 대문과 담장 너머로 현대식 행랑채 건물이 이질감 없이 자리한다. 묵은 때를 벗은 한옥 본채 뒤편에는 새로 증축한 현대식 건물이 숨어 있다. 이천 서씨 양경종가 '효우당(孝友堂)'이다.

지금은 상상하기 어렵지만, 공사 전 모습은 고택의 중후함과는 거리가 있었다. 본채 뒤편으로 시멘트 건물이 조악하게 붙어 있었고, 대문 옆 커다란 조립식 창고가 우악스럽게 서 있었다. 빠듯한 예산으로 '한옥의 현대적 증축'이란 과제를 해결하기 위해 선택한 건 'ALC 블록'. 특히 본채의 증축 건물은 한옥과의 연결성을 고려해 ALC 블록조·목조 하이브리드 공법을 적용했다.

"1년에 대제는 2번 정도 지내요. 예전엔 대제를 치를 때 제관이 100명 이상이었는데, 요즘엔 많이 줄어 50명 정도 되지요."

종가음식전수관, 응접실 등으로 사용하는 행랑채는 신발을 신고 들어가는 입식으로 구성하고, 바닥 난방 대신 천장형 냉난방기를 설치했다. 상황에 따라 다용도로 쓸 수 있도록 대문 밖에서 바로 출입할 수 있는 문도 따로 달았다. 한꺼번에 많은 손님을 대접해야 하는 종갓집 특성을 고려해, 행랑채에는 제사 음식을 해서 나르는 데 효율적일 수 있도록 'ㄴ'자 동선을 구성했다. 전면과 측면에 폴딩도어를 설치해 드나들기 편하고, 안쪽에는 넓은 조리실이 자리한다.

행랑채가 손님을 맞는 역할을 전담함으로써 본채는 오롯이 가족만의 공간이 되었다. 요리를 즐기는 건축주를 위해 싱크대를 일자로 널찍하게 구성하고, 창 너머 그림 같은 풍경을 배경 삼아 차를 마실 수 있는 공간도 두었다. 증축한 공간에는 아들 방, 주방 겸 식당, 욕실, 서재 공간, 세탁실 등이 있다. 마당에는 잘 쓰지 않던 야외화장실을 없애고 장독대를 두었다. 오래된 우물도 이참에 정비하고, 한편에 솥을 걸어 요리할 수 있는 아궁이도 만들었다.

"한 번도 힘들다고 생각한 적 없어요. 음식 하고 손님 맞는 일은 오히려 감사하고 즐겁죠."

한 많고 고단한 삶이 먼저 떠오르는 '종갓집 며느리'. 하지만 요즘엔 꼭 그렇지도 않은가 보다. 종부의 삶에 대한 자부심이 느껴지는 순미 씨 모습 위로, 효우당의 정경이 살포시 겹쳐진다.

1 - 종가음식전수관 겸 손님맞이용 공간으로 사용되고 있는 행랑채. 고택의 모습을 가로막고 있던 조립식 창고를 철거해 ALC 블록으로 신축한 곳이다.
2 - 행랑채 내부는 신발을 신고 들어간다. 편리한 동선을 위해 출입구를 여러 군데 두었다.

행랑채 뒷문으로 나오면 디딤석을 따라 사당과 연결된다. 음식과 각종 집기 등을 들고 나르기 편리하도록 한 배려다.

House plan

대지위치 경상북도 경주시 | **대지면적** 1,400m²(424평) | **건물규모** 지상 1층 | **건축면적** 본채(증축) - 160m²(48평) / 행랑채(신축) - 118m²(36평) | **연면적** 본채 - 160m²(48평), 행랑채 - 118m²(36평) | **건폐율** 28% | **용적률** 28% | **최고높이** 6.5m | **구조** 기초 - 콘크리트 / 지상 - ALC 블록조 + 지붕 목구조(벽 - 2×8 구조목 / 지붕 - 2×10 구조목, 2×4 구조목 위 방수시트) | **단열재** 50T 비드법보온판 1종1호 | **외부마감재** 벽 - 샌드빈, 멀바우 목재, 컬러강판 / 지붕 - 본채 : 기와 + 노출형 시트, 행랑채 : 컬러강판 | **창호재** 융기 PVC 독일식 시스템창호(22mm Low-E glass + Bronze glass, Argon gas + 단열간봉) | **설계·시공** 홈스토리하우스 1544-1553

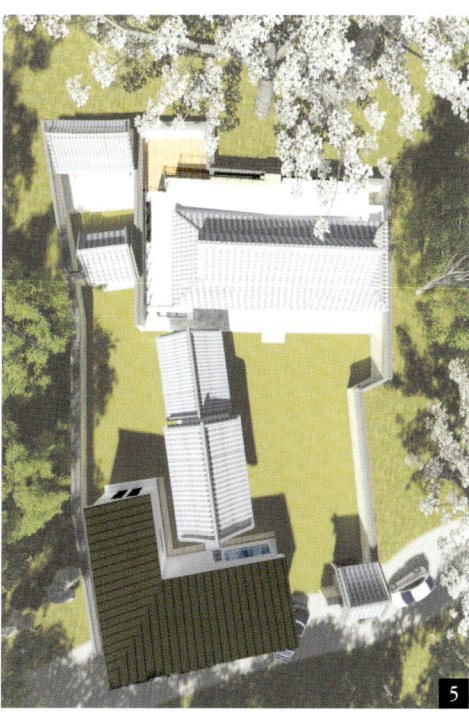

Plan_행랑채

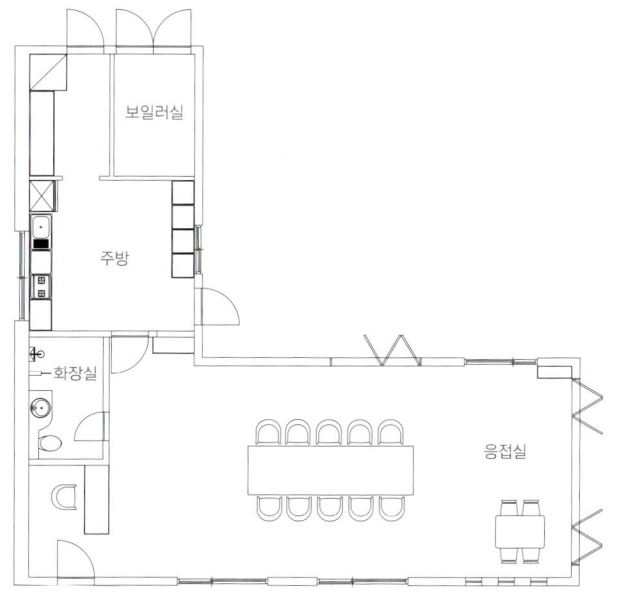

3 - 행랑채에는 담장 밖 골목에서도 바로 연결되어 있는 문이 있다.

4 - 손맛 좋기로 유명한 종부 권순미 씨. 음식 경연 프로그램에 출연해 재치 있는 입담을 보여주기도 했다.

5 - 효우당의 배치도. 대문 옆 행랑채와 본채 뒤로 증축된 'ㄱ'자 건물이 이번에 새로 지어진 공간이다.

Interior

내부마감재 벽 - 본채 : 국산벽지, 고목재, 행랑채 : 친환경페인트, 고벽돌 / 바닥 - 본채 : 강마루 / 행랑채 : 노출콘크리트 위 에폭시 코팅 | **욕실 및 주방 타일** 국내·수입 타일 | **수전 등 욕실기기** ㈜대림바스 | **주방 가구** ㈜한샘 | **조명** ㈜공간조명, ㈜램프랜드 | **현관문** 이지폴딩도어 | **방문** ㈜우딘 | **붙박이장** ㈜한샘 | **데크재** 방킬라이

Plan_본채

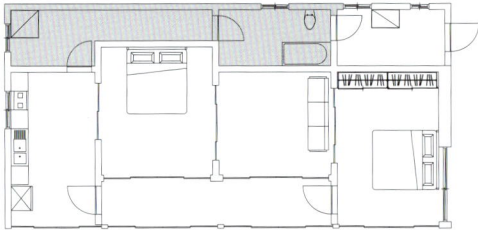

BEFORE

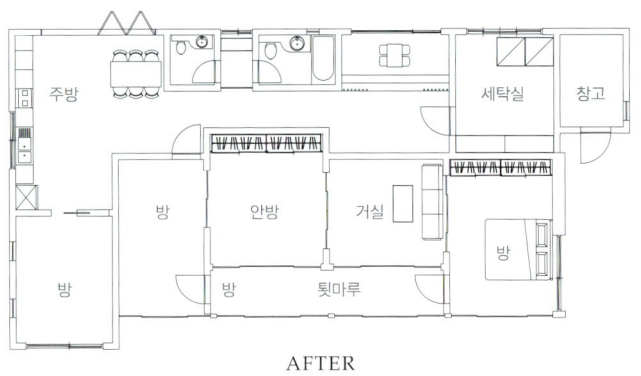

AFTER

증축한 본채 모습. 하얀색 ALC 건물 위로 얹힌 기와지붕이 조화롭다.

8 - 증축한 본채에 새로 생긴 아들 방.
9 - 기존 한옥과 증축 건물 사이에 긴 복도가 생겼다. 천장과 장식장에 쓰인 고재가 고즈넉한 정취를 더한다.

Remodeling Point
리모델링 시공 포인트

❶ 본채에 딸린 시멘트 증축 건물을 완전히 철거했다.

❷ 기초 공사, 설비 배관 후 ALC 블록을 조적하여 벽체를 세운다.

❸ ALC 벽체가 올라가고 목재로 바닥 구조틀 짠 모습. 한옥과 ALC 벽체 접합부는 수성연질폼으로 시공했다.

❹ 기초에서 장선을 띄워 시공한 후 그라스울 R30을 시공하는 등, 바닥 단열에도 만전을 기했다.

❺ 증축 건물의 지붕 단열 작업. 수성연질폼 뿜칠 시공을 했다.

❻ 증축 건물에서 바라본 본채 내부. 기존 한옥의 시멘트 벽돌 벽체가 고스란히 드러난다.

❼❽ 본채 처마와 증축 건물 연결 작업을 했다.

❾ 본채 ALC 건물의 지붕 방수. 우레탄 방수는 햇볕에 오래 노출되면 갈라져서 매년 보수를 해야 하는데, 건식 고정방식의 노출형 방수 시트를 시공해 해결했다.

평생 살아온 집을 고치다
60년 된 청송 한옥

고택이 모여 마을을 이룬 경상북도 청송의 어느 오래된 한옥. 외관은 담담하게 손보고, 내부는 실용적으로 고친 노부부의 집이다.

(07)

기존 기둥은 여전히 구조 역할을 하며
원목 마루와 천장재 등 새로운 마감재와
묘한 조화를 이룬다.

1959년 부부의 신혼집으로 시작해 올해로 60년을 꽉 채워 살아온 집. 서향에 네 칸이었던 본채는 'ㄱ'자 집이 되고, 뒤편 별채 격의 작은 방도 생겼다. 지붕도 원래 짚을 이어 만든 초가였다가 슬레이트 지붕을 거쳐 지금은 기와가 얹혀 있다.

이 집에서 딸 넷에 아들 둘을 낳고 기르며 출가까지 시킨 노부부는 집의 역사와 함께해 왔다. 어느새 훌쩍 자란 자식들은 그들이 여생을 더욱 안락하고 편리하게 보낼 수 있도록 대대적인 집수리를 감행한다.

원래는 구들이 있는 사랑채와 보일러를 사용하는 방 하나만 바닥 난방이 되던 곳이라 집안 전체를 데울 수 있게 전면 바닥 난방을 설치하는 것이 급선무였다. 더불어 창호 교체, 주방 및 화장실의 현대화 등 부부가 쓰기에도, 자식과 손주들이 와도 따뜻하고 쾌적하게 지낼 수 있을 실용성에 주안점을 두었다.

인테리어 전반을 맡은 스페이스 바름 장형욱 실장은 "어르신들이 편하게 노후를 보낼 수 있도록 시간이 지나도 변함이 없는 마감재와 기존 한옥과도 어색함이 없는 디자인에 신경 썼다"고 작업 소회를 남겼다. 그의 말대로 외부는 한옥의 정서와 풍경을 그대로 살려 마을 속에 조화를 이룬다.

한편, 기존 집이 바닥 난방도 제대로 되지 않고 외풍도 너무 심했던 터라 디자인만큼 단열도 개선이 시급했다. 특히 청송은 경북에 속한 지역으로 위도가 상대적으로 낮은 지역임에도 봉화와 함께 단열 기준(중부1지역)이 높은 곳. 여기에 오래된 한옥이라는 조건까지 고려해 손이 닿지 않는 곳까지 기밀하게 단열재를 채울 수 있는 경질우레탄폼을 채택해 시공했다. 가족의 역사와 함께 한 집에 현대적인 감각과 기술이 더해진 현실적인 농가 리모델링 사례이다.

1 - 60년 넘게 한자리를 지킨 한옥. 집을 고치면서 정원도 같이 다듬으며 새로 나무와 꽃을 심었다.
2 - 기존 주택의 높은 기단을 낮추지는 못했지만, 계단의 높이를 조정하고, 석재 데크를 깔아 관리가 쉽도록 했다.

● **안방**
크지 않은 면적이지만 벽면에 붙박이장을 설치해 수납을 확보하고, 채광과 환기를 위해 창을 두 군데 내었다.

● **거실**
집 안의 중심 공간으로, 가구를 최소화해 많은 식구들이 모였을 때 더 넓은 공간으로 활용할 수 있도록 했다.

● **위생 공간**
주방, 욕실, 세탁실 등 물 쓰는 공간을 한데 모아 설비를 간편화하고 실생활에서의 실용성도 높였다.

Plan

House plan

대지위치 경상북도 청송군
연면적 73m²(22.08평)
외부마감재 스터코플렉스(오메가플렉스)
단열재 경질우레탄폼
창호재 LG하우시스 수퍼세이브
설계·시공 스페이스 바름 장형욱
010-9896-0403 www.spacebarum.com

3 - 천장을 뜯어보니 서까래가 매우 가늘어 노출형 천장이 아닌 대안이 필요했다. 이에 박공의 모양과 평판 형태로 천장 모양을 잡고, 필름이 아닌 무늬목 마감의 천장재를 택했다.

4 - 화장실은 널찍하게 만들고 샤워 부스에는 앉아서 씻을 수 있도록 벽에 고정된 의자를 달았다.

5 - 주방은 한곳에서 손이 모두 닿도록 'ㄷ'자 동선으로 구성했다.

6 - 주방과 화장실, 세탁실로 이어지는 복도.

야간 보행 안전을 고려해 데크 하부에 조명을 설치하는 등 시니어 디자인에도 신경 썼다.

Interior

내부마감재 벽 - LG하우시스 벽지 / 바닥 - 피어리스 원목 마루, 포세린 타일 / 천장 - 오크 무늬목 UV코팅 | **욕실 및 주방 타일** 비숍세라믹 수입 타일 | **싱크** 백조씽크 | **수전 등 욕실기기** 대림바스 | **방문** 예림도어 | **데크재** 환우드 이페 20T | **실링팬** 에어라트론

오래된 흙담과 개비온 담장이 함께 어우러진 집의 경계. 나지막한 산과 고택이 운집한 마을에서 돋보이지만 사치스럽지 않게 고쳤다.

Remodeling Process
리모델링 공사 과정

❶ 철거 - 오랫동안 집을 지탱해온 기둥과 대들보는 유지한 상태에서 벽과 바닥을 세심하게 철거했다.

❷ 구들 시공 - 안방 아래는 구들, 위는 보일러를 깔아 이중 난방 형태를 취했다. 작업자 섭외가 만만치 않았다.

❸ 바닥 설비 - 기존 목구조 기둥에 시멘트가 닿아 썩는 것을 방지하기 위해 레미콘 작업 시 보양을 철저히 했다.

❹ 단열 공사 - 틈이 많은 오래된 집이라 벽과 지붕 모두 경질 우레탄 폼으로 기밀하게 단열했다.

❺ 목공사 - 시멘트 벽돌 위에 바로 벽지가 있던 기존 벽을 헐고 경량의 목조 비내력벽으로 공간을 구획했다.

❻ 창호 시공 - 전면에 고효율·고성능의 창호를 달아 답답한 느낌이 들지 않고 데크와도 자연스레 이어진다.

간결한 프레임
자연 담은 속초 한옥

가족이 함께 모이기 위해 찾은 속초의 개량 한옥.
시간에 마모된 집을 단정함과 건강함으로 다시 엮었다.

08

정원과 함께 반듯하게 정리된 한옥의 지붕선이 정갈한 주택의 멋을 돋워준다.

정원은 자갈과 판석을 바탕에 두고 일부 수종은 새로, 일부는 기존 나무를 이식해 구성했다

'건축사사무소 반'의 임종혁 소장은 속초 도심에서 조금 떨어진 한적한 마을에 자리한 현장을 처음 마주했을 때의 기억으로부터 이야기를 시작했다.

이곳은 당시 건축주 부부가 어머니, 여동생 집과 한데 어울려 지내기 위해 구입한 것으로, 흔한 동네 집장사에게서 지어진 70년대 조적 구조가 혼합된 개량한옥이었다. "처음에는 한옥 리모델링이라는 점에서 디자인적 잠재성에 대한 욕심도 있었다"는 임 소장. 하지만, 리모델링을 위해 마감재를 걷어내고 만난 주택의 속살은 난공사를 예고했다. 조적벽 사이의 단열은 있으나마나 했고, 개구부에서는 기밀이 전혀 안돼 웃풍이 거세게 스며들었다. 벽은 휘어졌고 서까래는 끊겼으며 대들보도 자재를 아끼기 위해 나무를 반으로 쪼개 쓴 흔적이 드러나는 등 개량한옥의 무분별한 수리와 노후화로 인한 하자가 집약되어 있었다. 따라서 주택의 현실적인 문제와 비용, 디자인 사이에서 합리적인 절충점을 찾아야 했고, 오랜 고민과 타협 끝에 시작된 프로젝트는 반년간의 난관과 극복을 거쳐 건축주 부부를 맞이했다.

주택은 지붕부터 벽까지 많은 부분에서 옷을 갈아입었다. 벽면은 단열 보강과 기밀성 확보를 위한 외단열 스터코를 바탕으로, 현관을 둘러싼 매스에 청고파벽돌을 적용했다. 지붕은 복원과 노출 대신 구조와 단열을 보강하는 선에서 공사가 진행되었다. 전반적으로 기밀, 구조 보강 등 주택 기능적인 부분에 투자하면서, 모던한 스타일로 인테리어를 잡아나갔다. 아파트 생활로부터의 급격한 변화보다는 익숙함과 편리함을 원한 건축주의 요구사항에 따라 실내는 한옥의 느낌보다는 기능성을 위주로 공간을 구성했다.

before

1,2 - 스터코 미장 마감과 전통 기와가 블랙&화이트의 깔끔한 대비 효과를 낸다.

3,4 - 벽면은 단열 보강과 기밀성 확보를 위해 외단열 스터코를, 현관을 둘러싼 매스에는 청고파벽돌을 사용했다.

현관을 통해 실내로 들어서면 오른편으로는 주방과 거실 등 공용 공간이, 왼편으로는 욕실과 드레스룸, 그리고 콤팩트하게 구성된 안방이 놓였다. 욕실은 안방에서의 편리한 사용을 위해 기존 다용도실과의 위치 조정이 이뤄졌다. 거실에서 바로 출입할 수 있었던 큰 방은 취미방으로 새롭게 디자인되었는데, 안방을 거쳐 들어갈 수 있도록 해 공용 공간으로부터 방해받지 않고 프라이버시를 지킬 수 있다.

주방과 거실은 열린 공간에 보이드까지 더해져 풍성한 공간감이 부여되었다. 여기에 1층과 다락을 잇는 기존의 계단은 원형계단으로 대체해 자칫 단조로울 수 있는 공간에 포인트가 되어준다.

임 소장은 "리모델링은 해체하면서 현황을 파악해야 하는 특성상 돌발변수가 많고, 이런 변수는 공기에 큰 영향을 끼친다"라며 서로간 충분한 정보 교류를 강조했다. 또한 흔히 리모델링은 제약은 많으면서 비용은 신축만큼 든다는 인식이 있지만, 잘 관리하면 합리적인 비용과 공기로 주택 생활을 누릴 수 있다는 당부의 말도 잊지 않았다.

건축주가 전해오는 주택에서의 일상에서, 건축가와의 격의 없는 대화에서 그 만족감은 이미 충분히 짐작할 수 있었다.

House plan

대지위치 강원도 속초시 | **대지면적** 623m²(188.45평) | **건물규모** 지상 1층 + 다락 | **거주인원** 2명(부부) | **건축면적·연면적** 106.7m²(32.27평) | **건폐율·용적률** 17.12% | **주차대수** 1대 | **최고높이** 8m | **구조** 기초 - 철근콘크리트 매트기초 / 지상 - 벽 : 조적조, 지붕 : 전통 목구조 | **단열재** 벽체 - 비드법보온판 / 지붕 - 수성연질폼 200mm | **외부마감재** 벽체 - 청고벽돌 타일 + 스터코 외단열시스템 / 지붕 - 전통기와(주택) + 컬러강판(창고) | **담장재** 기존 조적조 위 벽돌타일 마감 | **창호재** 필로브 FLE 911 S/C 181mm(39mm 양면로이 투명삼중유리), 필로브 FLE P/J OUT 160mm(39mm 양면로이 투명삼중유리) / 케이스먼트 창호 | **에너지원** 지열보일러 + 도시가스 | **조경석** 현무암 경계석, 쇄석, 현무암 판석, 자연석 | **조경식재** 오엽송, 반송, 청단풍, 홍단풍, 목련, 배롱나무, 미국측백나무, 모닝라이트 등 | **조경** gruzak + A1 | **시공** 건축사사무소 반 / 아뜰리에 반, 디자인 마루 | **설계** 건축사사무소 반 / 아뜰리에 반 070-4007-0031

5 - 신발장부터 중문, 소품까지 건축가의 세밀한 계획이 녹아든 현관

6 - 가족실 전경. 정원으로는 큰 창이, 안으로는 보이드 공간이 볼륨감을 극대화했다.

Axonometric

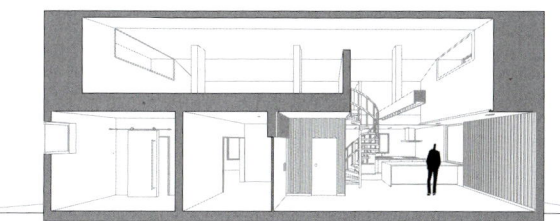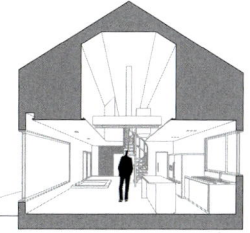

7 - 시선을 사로잡는 거실 원형계단. 기존 계단처럼 다락 사용빈도에 대응해 넓은 면적을 할애하기보다는 심미성에 무게를 줬다.

8- 육중한 보와 박공면 바로 아래 창이 보이드 공간에 안정감을 더한다.

9 - 다락에서 내려다본 거실과 실내 화단

Interior

내부마감재 벽체 - 던에드워드 화이트 도장, MIGA 사이딩 루버 순백색 & 연월넛 / 천장 - LG하우시스 베스띠 화이트 / 몰딩 - 마이너스시스템 / 바닥 - 동양세라믹 수입 타일 | **욕실 및 주방 타일** 동양세라믹 수입 타일 | **수전 등 욕실기기** 대림요업, 대림통상 | **주방 가구** 리바트 호보캔, 하츠 그라시후드 | **거실 가구** 링크플레이스 브리 원형 스툴, 스케치 알가드 소파 | **조명** 영광조명, 비츠조명, 마이너스 시스템 | **계단재·난간** 원형 계단 + 멀바우 | **현관문** 엔썸 EN88 EXTERIOR DOOR | **중문** 이노핸즈, 편개형 여닫이 도어 | **방문** 예림도어, MDF + 필름지 부착 | **붙박이장** 리바트 L100 | **데크재** 아마존 우드 합성데크 25mm

집은 브라운과 블랙&화이트, 직선과 곡선이 볼륨감 있는 공간에서 서로 자연스럽게 어우러진다.

Point

실링팬 보이드 공간을 마련하면서 거실 체적이 크게 확대된 만큼, 실링팬을 설치해 공기를 순환시켜 에너지 효율을 높여줬다.

친환경 사이딩 루버 MDF 루버는 새집증후군 물질에 대한 우려로 건강이라는 목표를 달성하기 어려워 손은 더 갔지만, 안전한 친환경 소재를 적용했다.

울산바위 조망 취미방에서 울산바위를 조망할 수 있도록 가로로 긴 창을 새로 냈다. 덕분에 웅장한 울산바위를 집 안에 들였다.

Plan

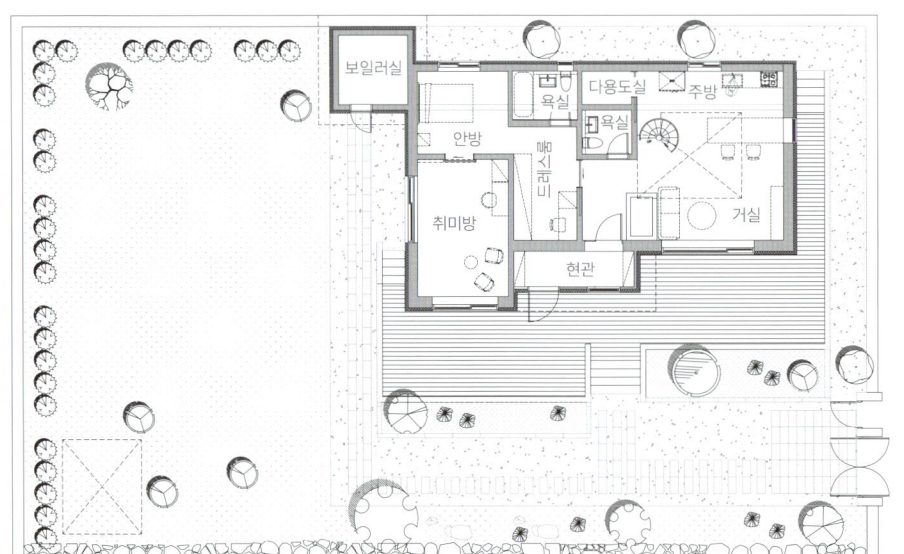

1F

094 CHAPTER 1. 한옥

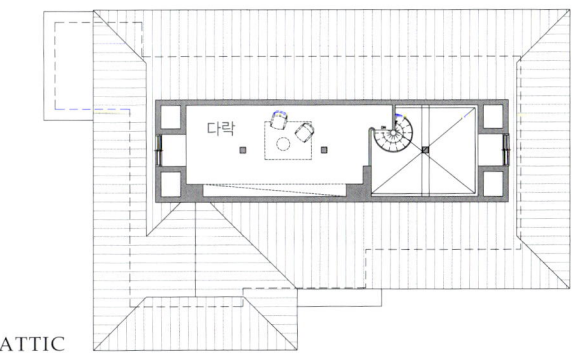
ATTIC

10 - 드레스룸, 안방 등 사적 영역은 마감재로 구분감을 줬다. 그러면서도 문을 열면 거실에서 안방까지 시각적인 소통이 가능하다.
11 - 안방에서만 출입할 수 있는 취미방. 출입문과 창문의 위치, 크기를 세밀하게 계획해 앞, 뒤, 옆으로 풍경을 충실하게 담아냈다.
12 - 꼭 필요한 만큼만 담은 심플한 안방

chapter
02

민가 Private House

세월에 닳은 서까래와 기둥이 정겨운 멋을 풍기는 시골집들.
오래 비어 있던 소박한 농가들이 새 주인을 만나 온기가 스미기 시작했다.

비우는 만큼 채워지는
경산 토끼집

시골의 오래된 농가가 변신했다. 자연 속에 자리한 집이 단출해진 만큼 꽉 채워진 일상을 보낼 수 있다는 토끼집을 찾았다.

01

과수원을 운영하던 가족이 살던 집과 창고를 리모델링한 집. 제1거실과 제2거실에 통로를 만들어 하나의 건물로 이었다.

경북 경산시 6차선 도로변 한쪽으로 도심과 반전된 분위기의 과수원 마을이 펼쳐진다. 이 마을 언덕 위 호젓하게 자리 잡은 농가주택은 시원시원한 창이 돋보이는 흰 바탕의 집이다. 요즘 주택의 외관을 가졌지만, 주위를 둘러싼 과수원이나 마을의 오래된 집들과도 어색하지 않다.

"벽을 무너뜨리지 않으면서 창을 내는 과정이 가장 힘들었어요. 가장 기본적인 골조에 많은 공을 들여 실속 있는 공간을 만드는 데 집중했죠."

막상 허물고 보니 집은 전문가가 아닌, 과수원을 운영하며 살았던 농부가 벽돌을 쌓아 올려 지은 집이었다. 부실한 벽에 기본적인 단열이나 방음도 전혀 되어 있지 않았다. 다시 사람이 살 수 있는 집이 되기 위해서는 튼튼한 뼈대가 필요했다. 기존 건물을 보강해 구조적으로 안정성을 꾀했다. 최대한 집의 정취를 훼손하지 않는 것에 초점을 맞췄고, 외벽은 새로 칠했지만 지붕은 깨진 부분만 수리해 다시 올려 옛집이 가진 멋을 간직했다. 자연을 그대로 느끼고 싶어했던 부부의 취향대로 창문도 크게 냈다.

전 주인이 살던 집과 바로 옆에 붙은 창고는 중간에 브릿지를 만들어 하나로 연결했다. 목구조로 통로를 만들고 한 쪽 벽 전체에 폴딩도어를 설치해 마당의 풍경을 감상할 수 있는 것은 물론, 빛과 바람이 그대로 들어온다. 집의 전체적인 모양이 좁은 문으로 들어와서 큰 공간을 만나고, 다시 좁은 통로를 지나 큰 공간을 만날 수 있어 마치 토끼가 파놓은 굴 같은 느낌을 자아낸다. 집의 이름을 '토끼집'이라 한 것도 그런 이유에서다.

현관과 연결된 첫 번째 공간은 집의 '몸'을 상징하고, 통로를 지나서 나타나는 제2거실은 '마음'을 상징한다. 싱크대가 있어 주방 겸 거실로 쓸 수 있는 '몸'에서는 일상생활을 한다. 다음 공간인 '마음'은 집의 핵심. 대구 시내에서 요가원을 운영하는 안주인이 요가나 명상을 할 때 바위 위에 있는 듯한 느낌을 주기 위해 에폭시를 깔았다. 큰 창으로 과수원 풍경이 보이는 이 공간에서 가부좌를 틀고 앉는 모습만 떠올려도 자연 속의 모습과 비교했을 때 손색이 없다.

1 - 폴딩도어를 열면 언제든 마당으로 출입이 가능한 거실에 걸터앉아 부부는 각자 하루동안 있었던 이야기를 나눈다. 이어서 과수원까지 짧은 산책을 하기도 한다

2 - 비 오는 날을 대비해 계단부터 입구까지 천장을 만들고, 지면과 가까운 부분엔 구멍을 내어 목련 한 그루를 심었다.

House plan

대지위치 경상북도 경산시 | **대지면적** 305m²(92.26평) | **건물규모** 지상 1층 | **건축면적** 99.96m² (30.24평) | **연면적** 99.96m²(30.24평) | **건폐율** 32.74% | **용적률** 32.74% | **주차대수** 1대 | **최고높이** 4.1m | **구조** 기존 조적구조 + 보강 경량철골 | **외부마감재** 벽 - 기존 벽체 수성페인트 도장 / 지붕 - 기존 슬레이트지붕 | **단열재** 알루미늄 단열재(로이단열재) | **창호재** 남선시스템 로이유리 | **에너지원** 기름보일러 + 전기 | **디자인·시공** 아름다운 삶의 공간 김경호 대표 053-857-5366 | **총건축비** 1억5천만원(리모델링, 조경, 데크, 조명 포함. 2016년 기준.)

3 - ㄱ자 모양으로 배치되어 각도에 따라 다양한 모습으로 보이는 건물의 외관. 데크 아래에는 주차를 할 수 있게 배려했다.

4 - 사방이 탁 트인 원두막에서 솔솔 부는 바람을 그대로 맞으며 독서할 수 있는 건 이곳만의 묘미다.

5 - 제2거실의 바닥에는 에폭시로 마감해 돌 위에 서 있는 느낌을 연출했다.

6 - 데크에서 바라본 주택의 출입구. 파란색 문이 청량하다.

7 - 건축가는 부부를 위해 연못을 파고 수련을 심었다.

8 - 부부의 방. 옷가지와 이불을 넣는 수납장 하나만 있으면 충분하다.

Interior

내부마감재 벽 - 에코홈즈 / 바닥 - 에폭시 투명 | **타일** 상아타일 | **주방 가구** 월드스톤 | **조명** 빛이 예쁜 조명 | **페인트** 항교페인트 | **데크재** 에코홈즈

딸이 이뤄준 어머니의 꿈
60년 된 한옥의 담백한 개조기

02

처음엔 보이지 않았던 것들이 다시 보면 보일 때가 있다. 긴 세월 함께 한 시골집을 오래 곁에 두고 싶은 어머니의 애틋한 마음이 딸에게 전해진 순간, 옛집이 변하기 시작했다.

채광창을 통해 보이는 바깥 풍경이 너무 운치 있다며,
어머니가 가장 마음에 들어하는 공간이다.

산 아래 투박한 통나무 옷을 입은 작은 집. 어머니는 이 소박한 시골집을 참 좋아하셨다. 하지만 부쩍 노후화되기 시작한 집을 한동안 방치된 상태로 둘 수밖에 없었다. 그러던 중, '석면 지붕 무료 철거 사업 지원'을 받을 기회가 왔다. 그렇게 큰딸은 집이 어머니 품에 온 지 30년이 지나서야 처음으로 찬찬히 살펴보게 됐다.

"불편하고 낡아 쓸모없다 생각했던 집이, 구석구석 엄마의 흔적이 남아 볼수록 정감 가더라고요."

그렇게 집을 한번 고쳐보면 어떨까라는 생각이 들었다. 예산도 넉넉하지 않았지만 행운처럼 마음에 드는 업체가 기꺼이 공사를 맡아주겠다고 나섰다. 그렇게 2달간의 설계가 이어졌다. 거칠지만 소박한 시골집 분위기가 잘 느껴지는 통나무 외벽만큼은 그대로 유지하고, 내부는 가족이 자주 모일 수 있는 공간으로 꾸리기로 방향을 잡았다.

집은 여러 주인을 거치면서 개조와 수리를 한 흔적이 보였다. 진입로는 앞마당 쪽으로 난 문을 모두 막아 집의 뒷모습을 보며 돌아 들어가는 어색한 구조가 되어 있었다. 내부 역시 사용하기 불편한 동선, 부족한 수납공간, 좋지 않은 채광, 부실한 단열 등 문제점이 많았다. 집이 워낙 낡아 철거할 때도 구조보강을 해가며 진행해야 했고, 제 기능을 못하는 기둥들은 잘라내고 교체했다.

'반전 매력이 있는 집'이라고 소개할 만큼, 고쳐진 집의 안팎 분위기는 많이 다르다. 작은 집이지만 어느 장소에서나 바깥 경치를 바라볼 수 있어 답답하지 않고, 흙 단열재를 걷어내면서 함께 철거된 고재는 싱크대와 현관 선반 등으로 재탄생했다. 또한 그동안 소외되었던 앞마당을 살리고자 마당 쪽으로 작은 창과 폴딩도어를 설치해 문을 닫았을 때는 툇마루처럼, 문을 열었을 때는 테라스처럼 사용할 수 있다.

집 안에 앉아 풍경을 내다 볼 때의 마음은 말로 설명할 수가 없다는 모녀. 어머니를 위해 시작한 일이지만, 담백하게 고친 집은 가족 모두에게 큰 선물이 됐다.

1 - 그동안 주출입구로 사용되었던 뒷마당 쪽 모습. 구옥의 통나무 외벽은 단열 마감 후 재시공하여 옛집의 분위기를 그대로 느낄 수 있게 했다.
2 - 'ㄷ'자 형태의 집에서 거실의 역할을 하는 이곳은 가족이 모여 담소를 즐기기에 안성맞춤이다.

좁고 긴 형태였던 방이 여러 사람이 모여 이야기를 나눌 수 있는 넓은 거실이 되었다.

House plan

대지위치 강원도 강릉시 | **대지면적** 495m²(149.73평) | **건물규모** 지상 1층 | **건축면적** 59.74m²(18.07평) | **연면적** 59.74m²(18.07평) | **건폐율** 12.1% | **용적률** 12.1% | **지붕마감재** 징크 | **단열재** 열반사단열재 10T + 기존 목조벽체 + 열반사단열재 10T(내·외단열) | **외벽마감재** 기존 통나무 재설치 + 고벽돌 타일 | **창호재** 자체 제작 | **설계 및 시공** 모루초디자인 070-8860-9323 www.morucho.com

3 - 현관 우측 선반은 구옥에서 나온 고재를 다듬어 제작했다. 덕분에 세월의 흔적이 담긴 공간이 연출되었다.

4 - 덧대어진 마감재를 걷어내고 채광을 고려한 창을 곳곳에 내었더니 어두웠던 내부가 환하게 변신하였다.

5 - 아늑한 침실. 침대 뒤쪽으로 가벽을 두어 수납공간을 마련했다.

6 - 작은 공간이지만 답답함이 느껴지지 않도록 신경을 쓴 욕실. 파란 타일이 공간을 더욱 풍성하게 만든다.
7 - 옛 한옥의 요소들은 현재 집에 어울릴 수 있도록 조금씩 손 봐 여전히 이 집의 한 부분으로 자리 잡았다.
8 - 거실 한켠에 놓인 통나무 의자 또한 철거 때 나온 고재를 다듬어 제작한 것이다.

Plan

BEFORE

AFTER

Interior

내부마감재 삼화 친환경 수성페인트, 대우벽지(방 2칸만 도배) | **바닥재** LIEU DESIGN _A SERIES | **욕실 및 주방 타일** 윤현상재 수입타일 | **수전 등 욕실기기** 아메리칸스탠다드, 대림도기 | **주방가구** 모루초디자인 제작 | **조명** 메가룩스(거실 샹들리에 모루초디자인 연출) | **현관문 및 방문** 모루초디자인 제작 | **붙박이장** 모루초디자인 제작 | **데크재** 방킬라이

9 - 양쪽으로 놓인 창 덕분에 집과 자연이 서로 소통하며 하나가 된 느낌이다.
10 - 깊은 산속 작은 산장 같은 집
11 - 주방으로 가는 길목에는 마당으로 나갈 수 있는 문을 두었다. 벽면에 설치된 전등 스위치가 눈길을 끈다.

근심을 잊게 하는 집
예천 망우헌 忘憂軒

소박하지만 누추하지 않고, 화려하지만 사치스럽지 않은 집. 인생 2막을 시작하기 위해 준비한, 작은 집을 만났다.

03

옛 추억이 담긴 구옥의 모습. 할머니가 돌아가신 후 이곳에서 소일거리를 하곤 했는데, 건물을 그대로 남기고 곁에 새집을 신축했다.

여기, 은퇴 20년 전부터 인생 2막을 설계한 중년의 남자가 있다. '어떻게 살 것인가'만큼 '어떻게 죽을 것인가'를 함께 고민한 그 남자의 버킷리스트 중 하나는 바로, 고향 땅에 집을 짓고 농사를 지으며 자급자족의 삶을 사는 것이었다.

욕심 없이, 성실함을 무기로 버텨 온 30여 년의 지난날. 일이 일인지라 건설사 취업 후 남의 집만 지어주며 정작 '내 집' 한 번 못 지어본 것이 두고두고 마음에 남은 이현수 씨. 그는 퇴직 후 정착할 공간을 20년 전에 마련했다. 나무 한 그루 한 그루 심으며 땅을 가꿔오다 직영 시공으로 집을 짓기 시작해, 지금은 주말주택으로 사용하고 있다.

"원래는 먼 친척 할머니께서 기거하시던 낡은 흙집과 별채가 있던 자리였어요. 할머니가 돌아가시고 남겨진 구옥에 이따금 머무르며 소일거리를 하곤 했죠."

지금은 울창한 숲의 일부가 된 백합나무, 감나무, 백일홍, 단풍나무, 마로니에 등도 처음엔 그가 꽂은 작은 묘목에 불과했다.

형편이 녹록지 않던 사회초년생 시절에도 월급의 20%는 꼭 책과 음반을 사는 데 투자할 정도로 다독가인 그는 「녹색평론」과 헨리 데이빗 소로우의 「월든」, 헬렌·니콧 스어링 부부의 「조화로운 삶」을 읽고 나서 가치관이 달라졌다. 내 손으로 집을 짓고, 내 손으로 심고 기른 유기농 푸성귀를 먹으면서도 충분히 잘 살 수 있다는 믿음이 생긴 것이다.

아내와 머물 새로 지은 집은 친환경 자재인 ALC 블록과 패널로 지었다. 남쪽을 향해 크게 창을 낸 거실과 작은 방 한 칸, 지하에 작은 서재 겸 창고가 전부다. 혹여나 자식들과 손주들이 올까 봐 관리하지도 못할 넓은 집을 짓느니 늘 깨끗하게 유지할 수 있을 만큼의 아담한 규모로 짓는 것이 옳다는 생각이었다. 대신 건축비의 상당 부분을 창호와 단열에 투자했.

자신을 되돌아보기 위해 오래 전부터 개인 홈페이지(www.jongsan.com)도 꾸준히 운영한다는 이현수 씨. 그곳에 집을 짓는 과정도 세세하게 기록한 그는, 집이 완공된 후부터 약속은 무조건 평일에 잡고 주말이면 예천으로 향한다. 감자, 고추, 가지, 토마토 등 한가득 수확하고 나면 온몸은 피곤해지지만 머릿속으로 내년 봄엔 어떤 작물을 심을까, 마당엔 어떤 나무를 심을까 고민하는 일이 그저 설렌다고. 그렇게 주말 동안 바쁘게 몸을 움직이고 나면 속세의 근심과 걱정은 잠시 잊을 수 있다. 그래서 지은 이 집의 이름도 근심을 잊게 하는 집, '망우헌(忘憂軒)'이다.

1 - 경사를 그대로 두고 철골프레임을 세워 집을 앉혔다.
2 - 산뜻한 미색의 외관에 지붕은 남쪽으로 살짝 높게 경사를 주었다.

남쪽으로 크게 낸 창을 통해 자연이 마치 한 폭의 그림처럼 담긴다.

House plan

대지위치 경상북도 예천군 | **대지면적** 6.172m²(1,867.03평) | **건물규모** 지하 1층, 지상 1층 | **건축면적** 81m²(24.50평) | **연면적** 99.7m²(30.15평) | **건폐율** 2.42% | **용적률** 2.04% | **구조** 기초 - 철근콘크리트 매트기초 / 지하, 지상 - ALC 블록 및 ALC 패널구조 | **외부마감재** 벽 - 독일 STO ALC 전용 플라스터 / 지붕 - 0.7mm 알루미늄 징크패널 | **단열재** 크나우프 에코바트 R24 가등급(지붕) | **창호재** 이건창호 70mm AL시스템 창호, 35mm 삼중로이유리 | **설계** 쌍용alc 기술연구소 1899-1728 www.sycalc.co.kr | **시공** 건축주 직영, ㈜공간건축 010-8701-9616

3 - 거실의 벽면에는 책장을, 테이블에는 오디오 세트를 구비했다.
4 - 철거하지 않은 건물은 흙집으로 지어 여름에도 시원하다.

Interior

내부마감재 벽 - 9.5T 일반 석고보드 2겹 위 친환경 페인트 / 바닥 - 구정마루 강마루 허니티크 | **창호재** LG하우시스 PVC 시스템창호(트라이캐슬 3중 로이유리) | **욕실 및 주방타일** 대동타일(포세린 타일, 모자이크 타일) | **수전 및 욕실기기** 아메리칸스탠다드, 금산도기(수입) | **주방가구 및 붙박이장** 현장제작(18T 자작나무 위 오일스테인 2회) | **조명** 을지로 국제조명(LED 펜던트 등, T5) | **현관문** 제작(갈바 위 불소수지도장) | **방문** 영림도어 ABS도어

텃밭에서 바라봐야 건물의 전체 윤곽이 보인다

Construction Process
주거동 공사 과정

❶ 지하 피트층은 별도의 마감작업이 없기에 콘크리트 타설 직후 미장공이 재치장 마감을 했다.

❷ 이 집의 경우 지하 피트층을 콘크리트가 아닌 ALC고강도 발수 블록으로 시공했다.

❸ ALC 1층 바닥 패널을 시공 패널의 걸침길이와 테두리보 철근의 정착길이 등을 준수해야 한다.

❹ 블록은 매 단마다 화이버 글라스 메쉬를 시공했다. 내력벽 교차 부위에는 월타이로 잡아준다.

❺ 지붕 패널을 설치할 때에는 경사도가 낮은 쪽부터 걸침길이 10㎝를 맞춘 다음 패널 한 장 씩 조립한다.

❻ 외벽 발수 ALC 면에 화이버 글라스 메쉬를 대고 수지미장을 했다. 충분히 마른 후 우레탄 방수를 한다.

❼ 지붕 패널 위 방습지를 깔고 구조용 목재를 대 공기층을 확보했다 그 다음 인슐레이션 단열재를 시공한다.

❽ 외벽은 플라스틱 비드, 프라이머, 중도재(파이버 메쉬) 등 총 6가지 단계를 거쳐 기준 시방을 지킨다.

❾ 내벽은 플라스틱 비드, 중도재(파이버 메쉬), 도장재 등 총 4가지 단계를 거쳐 기준 시방을 지킨다.

마음의 풍경을 잇다
제주 위미 주택

차곡차곡 쌓아 올린 낮은 돌담 너머로 고개 내민 주황빛 지붕의 단층집. 옛집의 기억을 간직한 채 리모델링을 마치고 새 모습을 드러냈다.

04

옛집에서 보이던 '뒷마당의 풍경'은 주변 벽체를
정리하고 창을 크게 달아줌으로써, 건축적으로 더욱
'선명한 풍경'이 되게 했다.

제주 남쪽 햇볕이 따스한 위미리 해안에 자리한 집. 건축주는 게스트하우스와 가족이 쓸 별도의 공간을 마련해 달라고 했다. 마당을 두고 차례로 지은 두 채의 집과 그 사이를 이어 만든 작은 현관과 복도, 어두운 복도 끝으로 '깊고 선명하게' 보이는 뒷마당의 검은 돌들과 동백, 마당과 네 그루 나무, 방마다 다르게 보이는 평화로운 바다 풍경….

"찬찬히 집을 음미하자, 시간을 두고 맺어온 공간과 풍경의 풍부한 이야기가 담겨 있음을 깨닫게 되었죠. 새로운 건물은 가질 수 없는 것이었어요."

건축가의 설득으로 건축주는 신축이 아닌 리모델링으로 설계 방향을 바꾸었다. 덧달아낸 부분은 떼어낼 곳도 있었지만, 잘 활용하면 좋을 곳은 그대로 두기로 했다.

먼저 집이 자리한 풍경과 그 형상을 최대한 존중하여 고침으로서, '양명(陽明)하고 편안한 마당'을 이어갔다. 집 안에서는 하얀 벽장을 뒤로 하고 '평화롭고 아늑하게' 바다를 바라보던 안방을 그대로 유지했다. 또한 작은 침실을 붙여 깊이를 더하고 삼베 미닫이문을 사이에 넣어 아늑하고 신비한 느낌이 들도록 하였다. 현관에 들어오며 보이는 뒷마당의 '선명한 풍경'은 복도와 주변 벽을 정리하고 큰 창을 달고 앉을 자리를 두어, 창고로 이어지던 허드레 공간을 잠시 쉬거나 조용히 책을 볼 수 있는 곳으로 만들었다.

게스트하우스로 쓸 본채는 지붕 구조를 드러내어 전체적으로 시원한 공간감을 주어, 집에 머무는 사람들이 평범한 일상과는 다른 '여유로움'을 느낄 수 있게 했다. 구조를 드러냈다고 하지만, 실제로는 'ㄱ'자 형태를 일자형 천장으로 단순화하고, 내부 서까래와 루버를 덧대어 마감했다. 집 안 어디서든 다양한 풍경을 누릴 수 있도록 여러 창의 위치를 조절하고, 루버와 한식 창호 등 목재를 두루 사용하여 여유로운 가운데 아늑한 느낌이 든다.

가족이 쓰는 별채는 출입구를 따로 하고 낮은 담장으로 구분하여 독립된 마당을 두었다. 외부 화장실 건물은 깨끗이 정돈하고 제주식 평상 '퐁낭'을 만들어 바다를 보게 했다. 별채 내부는 침실을 앞으로 하고, 뒤로 작은 거실과 주방 등을 배치했는데, 뒷마당으로 나갈 수 있는 크고 시원한 문과 옆으로 긴 창을 두어 단순한 공간 속에 밝고 다채로운 풍경이 펼쳐진다.

1 - 앞에는 검은 돌들로 가득한 바다, 뒤로는 밀실한 동백 군락지 속에 위미 주택이 자리하고 있다.
2 - 제주 현무암 판석을 바닥에 깐 마당에는 평상을 놓아 휴게 공간을 만들었다.

시원하고 탁 트인 공간감으로 머무는 사람들이 여유로움을 느낄 수 있도록 하였다.
맞은편에는 한지 문을 단 안방이 위치한다.

House plan

대지위치 제주특별자치도 서귀포시 | **대지면적** 175m²(52.93평) | **건물규모** 지상 1층 | **건축면적** 54.13m²(16.37평) | **연면적** 54.13m²(16.37평) | **건폐율** 30.93% | **용적률** 30.93% | **구조** 블록조, 경골목구조 | **지붕마감재** 한식오지기와 | **외벽마감재** 스터코 | **창호재** 이건 PVC 시스템창호 | **시공** 다봄주택(최규철 이사) 010-5304-4509 | **설계 담당** 탁충석, 강정윤, 이창규, 황보람 | **설계** ㈜구가도시건축 건축사사무소(조정구) 02-3789-3372 www.guga.co.kr

3 - 별채의 내부 모습.
4,5 - 안방에서는 마당과 바다가 한눈에 들어온다. 연결된 작은 침실과는 삼베로 된 미닫이문으로 구획되고, 창에는 바라보는 풍경과 빛의 양을 조절할 수 있도록 한지를 덧대었다.

6 - 거실에서도 마당과 나무 그리고 평화로운 바다의 풍경과 마주할 수 있다. 우측에 자리한 원래 현관은 흔적으로 두고, 한지창과 목재 루버문을 안쪽에 달아 부드럽고 아늑한 느낌을 살렸다.

7 - 거실에서 바라본 입구. 큰 벽문으로 필요에 따라 여닫을 수 있다. 적당한 위치에 나무 기둥을 세워 딱딱한 공간에 자연스러움을 주고자 했다.

8 - 작은 화장실이었던 건물을 제주도식 평상인 '퐁낭'으로 바꾸었다.

Section

Interior

내부마감재 벽 - 페인트(던에드워드), 한지 도배 / 천장 - 미송루버 위 오일스테인 / 바닥 - 동화자연마루 강마루(티크), 한지 장판, 제주석 | **수전 등 욕실기기** 대림바스 | **주방 가구·붙박이장** 한샘 | **가구** 제작 가구(아이네클라이네) | **조명** 신주삼성조명, 와츠조명 | **방문** 갤러리도어, 무늬목도어, 도장도어, 한식 목창호 위 한지 도배 / 삼베 마감

9 - 욕실 위 투명한 천장으로 환한 빛을 들였다.
10 - 주위를 환하게 밝히는 주택의 야경.

Plan

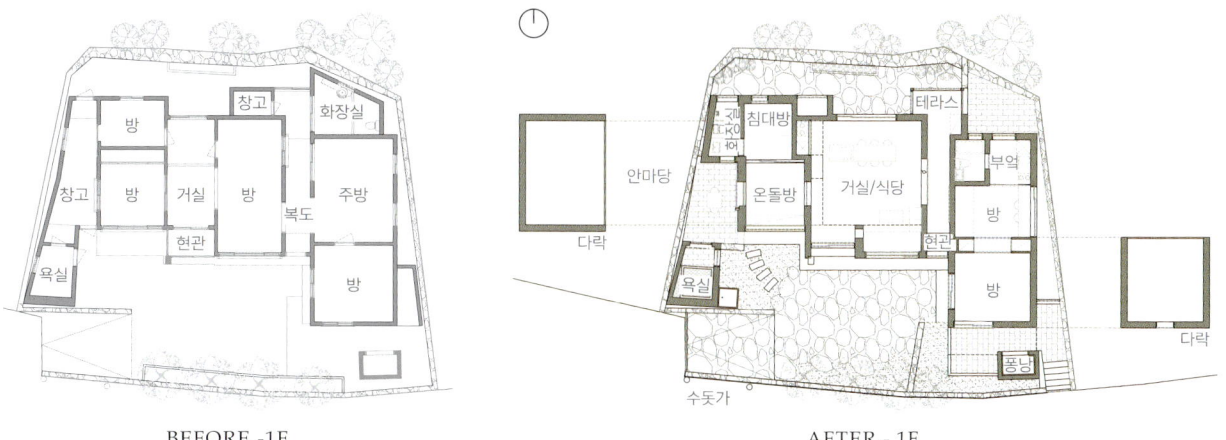

BEFORE -1F　　　　　　　　　　AFTER - 1F

작은 무대가 있는 시골집
고창 농가주택

05

음악을 사랑하는 건축주는 작은 연주 무대가 있는 시골집을 꿈꿨다. 적은 예산이라는 난제 속에서 최고의 가성비를 뽑아낸 소박한 농가를 만나본다.

원래 창고였던 곳을 음악실로 개조한 곳으로 외부와 바로 연결되는 문이 있다.

한옥의 정취를 살린 집에 음악연주를 맘껏 할 수 있는 공간을 만들고 싶었던 건축주. 그녀는 1년여의 발품을 팔아 농가 후보들을 추렸다. 그중 낙점된 곳은 길게 배치된 주택 옆으로 창고가 'ㄱ'자로 놓인 집. 아무런 단열처리도 없이 그저 나무에 흙을 발라 만든 집이었고, 무너지기 일보 직전의 창고였다. 그렇게, 6천만원의 예산을 들고 고군분투가 시작됐다.

한쪽 벽 없이 오픈된 창고는 손님에게 활짝 열린 사랑채로 만들었다. 나무로 된 타공판 흡음재로 벽면을 두르고 바닥에는 목재 데크를 깔았다. 사랑채는 음악을 연주하기에 딱 좋은 공간이면서 밖에서 봤을 때 무대처럼 보이기도 한다. 시간이나 날씨에 구애받지 않고 음악을 즐길 수 있게끔 집과 연결된 내부 창고 역시 연주공간으로 꾸몄다. 사랑채가 오픈된 공간이라면 피아노가 있는 음악실은 지극히 사적인 공간인 셈이다.
매력적인 서까래는 하나하나 그라인더로 갈아냈다. 그런데 천장을 트고 나니 주방 쪽 서까래가 꽤 오랜 시간 불에 그을려 새까맣게 변해 있었다. 하지만 서까래를 다듬고 천연 옻칠까지 마치고 나자 자연스럽게 세월이 녹아든 나무의 운치가 그만이었다.
"그 결과가 오히려 매력적이라 방 안의 서까래는 일부러 태워보기도 했지만 오랜 시간 자연스럽게 타온 서까래의 색을 인위적으로 낼 수 없어서 결국 포기했어요."

농가주택의 태생적 한계인 단열과 방습 때문에 이후에도 해야 할 일은 무수했다. 바닥과 벽체는 대지의 습기를 그대로 받아들여 곰팡이가 생기기 좋은 조건이었고, 기존의 구들은 수명이 다 되어 철거할 수밖에 없었다. 결국 바닥의 구들장은 모두 걷어내 마당에 디딤석으로 깔고, 기초 단열을 추가한 뒤 현대식 보일러 배관을 깔았다.
옛집의 정취를 간직하고 싶어 남향의 문은 재활용했지만, 단열을 고려해 툇마루 밖으로 폴딩도어를 설치했다. 툇마루 위 연장된 처마 부분은 철거해서 남향인 효과를 극대화하기로 했다. 이렇게 낡은 것은 떼어내고 필요한 것은 더해, 기능적으로도 꼭 맞는 집이 탄생했다.

1 - 마당과 사랑채가 보이는 툇마루. 마당의 디딤석은 구들장에서 떼어낸 것을 재활용했고, 툇마루 밖으로 설치한 폴딩도어를 설치해 단열효과를 더했다.

2 - 쓰러져 가던 창고가 사랑채로 변신했다. 벽면에 방음 처리를 한 뒤 깔끔하게 정돈해 놓은 사랑채는 건축주가 지인들을 초대해 담소를 나누고, 음악을 공유할 수 있는 공간으로 꾸몄다.

3 – 방 두 개를 이어 더 넓게 쓸 수 있도록 만든 건축주의 생활공간.

4 – 건축주가 시간이나 계절에 관계없이 언제든 음악을 즐길 수 있는 공간은 내부에도 있다. 서까래를 살리고 나무 소재로 인테리어해 옛 정취와 함께 자연스러움을 풍긴다.

5 – 좌식 탁자를 두고 넓은 거실처럼 사용하는 생활공간의 일부분에는 건축주가 사용하던 손 때 묻은 가구를 들여놓았다.

House plan

대지위치 전라남도 고창군 | **대지면적** 427m²(129평) | **건물규모** 지상 1층 | **건축면적** 본채 - 52.5m²(15.9평) / 음악실 - 21.4m²(6.5평) / 사랑채 - 41.3m²(12.5평) | **연면적** 115.2m²(34.9평) | **건폐율** 37.1% | **용적률** 37.1% | **구조** 한식목구조 | **외부마감재** 벽 - 수성페인트 도장, 청고벽돌, 방부목 / 지붕 - 컬러강판 | **단열재** 6T 열반사단열재 + 50T 비드법 1종2호 | **창호재** PNS 더존창호, LG하우시스 터닝도어 | **에너지원** 기름보일러 | **설계·시공** 더하우스 010-8876-2608 www.thehouse21.com

Interior

내부마감재 벽 - 실크벽지 / 천장 - KCC 단열퍼티 / 바닥 - LG하우시스 자연애 | **나무 마감재** 천연 옻스테인 | **욕실 및 주방 타일** 바스텍코리아 자기질타일 | **수전 등 욕실기기** 대림바스 | **주방 가구 및 붙박이장** 하나싱크 | **조명** 공간조명 LED조명 | **현관문** LG하우시스 터닝도어 | **방문** 영림도어

6 - 음악실에서 나와 바라본 집의 모습.

7 - 구들을 떼고 현대식으로 개조한 주방. 펜던트 조명을 달아 더욱 넓어 보인다.

8 - 두 개의 방을 붙여 하나의 방으로 만든 생활공간이지만, 독립된 공간이 필요한 책상과 침대 사이에는 벽을 남겨두었다.

한옥 마니아의 도전
용인 희담재 喜談齋

(06)

누구도 돌보지 않은 채 쌓인 시간을 짊어지던 구옥.
지금까지 지켜온 자리와 품어온 이야기에 이끌려 부부는
직접 집에 새 생명을 불어넣었다.

주 생활은 함께 고친 양옥에서 이뤄진다. 양옥이라고는 하지만, 이 건물도 40년 넘는 세월 동안 이 마을을 지켜온 터줏대감이다. 한옥과 통일감을 주기 위해 황토로 미장 마감했다.

'이런 주택가에 한옥이 어디 있다는 걸까?'는 생각이 들 무렵, 한적한 농촌 마을과 황톳빛 한옥이 나타났다. 용인 시내에서 멀지 않은 마을. 녹음이 풍성하면서도 서울 접근성, 문화시설, 의료시설이라는 각종 편의를 누리기에도 모자람 없는 곳이다.

박찬구, 박세영 씨 부부의 구옥 리모델링은 이번이 두 번째다. 15년 전 양평에서 그저 농가적 전원 분위기를 좋아해 시골 한옥을 소소하게 고쳤던 것이었는데, 의도치 않게 다른 사람들의 호응을 얻어 방송까지 타게 되었다고. 쏟아지는 관심에 느낀 게 많았던 안주인은 전국의 한옥을 탐방하며 사람들과 의견을 나누고 공부했다. 사정이 생겨 양평 집을 더 쓰지 못했지만, 전원 속 한옥에 대한 애정이 더 커져가던 와중에 이 집을 만나게 되었다.
"이런 집이 사라져 가는 건 아쉽잖아요? 이 집에서 많은 사람이 태어나고 살아가며, 울고 웃었을 거예요. 그 시간과 이야기를 제가 이어가고 싶었어요."
쉬운 일은 아니었다. 자신감을 보였던 시공업체들도 구옥의 모습을 보자 고개를 흔들었다. "수리보다 철거하고 새로 짓는 게 낫다"는 것이었다. 하지만, 부부는 구옥이 가진 100년의 세월을 잃을 수 없었다. 그래서 직접 자재를 구매하고 공종 전문가를 부르고, 때론 직접 망치 들고 손보며 1년여를 보냈다. 서까래가 비뚤어져 어떤 문은 완전히 열리지 않고, 툇마루도 몇 번 뜯고 고치는 등 시행착오도 많았다. 하지만, 그 2년여의 과정에서 집은 더 사랑스러워지고, 어떤 새집도 갖지 못할 느낌의 멋진 한옥으로 돌아왔다.

"지금은 지인들에게도 집을 종종 빌려드리고 있어요. 이 한옥의 매력을 나누고 싶어서요."
부부는 집 이름을 '희담재'로 부른다. 즐거운(喜) 이야기(談)가 가득한 집(齋)이라고. 이름대로 한옥에는 다시 사람이 모이고, 차향과 음악이 흐르고, 또 이야기가 넘친다.

1 - 구옥 시절에는 주방 자리였다는 방. 지금은 조용히 사색하거나 독서를 즐기는 용도로 사용한다.
2 - 날씨가 좋은 적당한 날이면 나무 그늘이 드리운 바깥 평상이나 테이블에서 점심을 먹곤 한다는 세영 씨.
3 - 도시 아파트에서는 누리기 힘들었던 취미도 이곳에서는 자유롭게 즐긴다. 국악을 공부하는 손녀와 함께 종종 협주도 한다고.

오래된 서까래와 기둥이 드러난 내부 공간이 앤티크한 가구와 잘 어우러진다.

4 - 침실에는 벽장을 그대로 살려 원래 용도에 맞게 이불 등의 수납공간으로 쓴다. 덕분에 수납도 챙기고 한옥이라는 공간 분위기도 살릴 수 있었다.

5 - 침실 맞은편에는 안주인이 시어머니에게서 물려받은 낮은 자개장이 놓였다. 조금 흠집 나고 깨진 부분이 있지만, 물건에 대한 기억과 애정은 새 물건이 따라올 수 없다.

Owner's Tip
"구옥 한옥, 어떻게 고쳐야 할까요?"

구옥 한옥은 철거하기 전까지 난이도와 비용을 가늠하기 어렵기 때문에 예산과 기간을 넉넉하게 잡아야 한다. 외장재 교체 정도면 괜찮지만, 구조를 보강하고 벽체를 새로 세워야 한다면 쉽지 않은 공사가 될 수 있다. 한편, 작은 공정은 주변에 공사 현장이 있다면, 그 인부나 기술자에게 '온 김'에 맡기는 것도 방법이다. 따로 부르는 것보다 상대적으로 저렴하게 해결할 수도 있다. 여기에 건축주 스스로가 목공학교 등을 다니며 일부 공정을 직접 해보는 것도 비용을 아끼고 집에 대한 애정을 키우는 데도 좋을 것이다.

마당 한가운데에 화단을 쌓고 소나무를 심어 단조로움을 피했다.
그 너머 돌담은 구옥 시절부터 남아있던 담을 고치고 그 위에 기와를 올려 완성했다.

Process & Cost
리모델링 공사 과정 & 비용

❶ 농한기에 이웃과 함께 치우고 겉을 걷어냈더니 100년 전 흙벽과 구조가 그대로 드러났다.
철거 - 300만원

❷ 구조와 단열재를 보강하면서 벽체를 고치고 그 위에 황토를 발라 '한옥의 색'을 냈다.
보강 및 미장 - 1,300만원

❸ 금속 기와로 지붕을 새로 올렸다. 서까래도 오래된 때를 벗겨냈다. 지붕 공사 300만원

❹ 한식 창호를 달고 실내 전기 배선도 마무리했다. 한식 창호 - 550만원 일반 창호 - 180만원

❺ 마당엔 몇 번의 시행착오를 거쳐 한옥에 어울리는 쪽마루를 설치했다. 쪽마루 공사 - 200만원

❻ 주변의 돌과 한식 기와로 담장을 두르고 잔디를 심었다. 담장 및 잔디 - 1,060만원

옛 추억에 디자인을 더한
진교 농가 리모델링

오랜 세월 사는 사람이 없어 힘없이 스러져가던 집은, 다시 사람이 들고 활기가 돌면서 이웃과 행복을 나누는 집이 되었다.

07

황토방에서 바라본 정원과 본채. 대문에서부터 이어지는 정원 디딤석이 정겹다.

"언니의 시부모님이 평생을 사셨던 곳이에요. 두 분 모두 돌아가시고 8년간 비어 있었지요."

건축주 이혜숙 씨는 은퇴 후 전원생활을 위해 적당한 집을 찾고 있었고, 언니는 "아예 모르는 남보다 훨씬 낫다"며 흔쾌히 이 집을 내어주었다. 그길로 리모델링을 위해 업체 여러 군데를 알아봤지만, 돌아오는 답은 한결같았다. 모두 허물고 새로 짓는 게 낫다고만 했다. 그렇다고 한 가족의 역사가 오롯이 담긴 집을 완전히 없애버릴 수는 없었다.

결국 그녀의 사위이자 조경 디자이너로 활동하는 조현 씨가 작업을 맡았다. 막상 공사에 들어가니 구옥의 상황은 생각보다 심각했다. 벽을 뜯자 지붕을 70년간 떠받쳐온 기둥 상당 부분이 썩은 채 드러났다. 기존 기둥을 그대로 사용하기는 어려운 상황이었다. 그래서 썩은 기둥을 철거하는 동시에 보강 작업을 같이 진행해야 했다. 결국 사용할 수 있는 기둥은 단 두 개뿐이었다.

본채 자리가 기존에 전통 부엌을 겸한 곳이어서 서까래에는 그을음이 상당히 넓고 두껍게 묻어 있었다. 노출시키려면 전체를 다 갈아내고 표면 처리를 해야 했는데, 시간과 예산이 넉넉지 않았다. 결국 아쉽지만 정원으로 이어지는 거실 부분만 서까래를 노출하고 나머지는 천장막이 공사를 할 수밖에 없었다.

"이전 주택에 자리한 우사를 허물고 나니 마을 초입에서의 시선이 그대로 집에 닿았어요. 프라이버시 보호 차원에서 조치가 필요했죠."

이는 저장고를 겸한 높은 암석정원과 적당한 키의 관목을 심는 것으로 해결했다. 사랑채는 벽체와 기둥을 다시 조성하면서 두 겹의 황토벽돌을 조적했고, 바닥은 본채 철거 공사를 하면서 나온 구들을 그대로 재활용해 아궁이도 만들었다. 천장은 옛 지붕의 형태 그대로 서까래와 보를 노출해 공간이 가진 시간을 온몸으로 느낄 수 있도록 했다.

누가 뭐래도 이 집의 하이라이트는 조경이다. 한눈에 다 드러나 쉽게 질리는 정원이 아닌, 다양한 공간을 즐길 수 있게끔 동선에 따라 여러 요소를 조금씩 배치했다. 본채와 사랑채 사이의 암석정원, 담을 따라 늘어선 항아리의 수생식물, 후정의 여러 즐길 거리와 그 너머의 텃밭은 전원주택에서의 입체적인 시각과 활동을 유기적으로 묶어낸다.

1 - 사랑채의 방문, 아궁이실 문은 이전 구옥의 자재를 사용해 꾸몄다.
2 - 본채와 사랑채 사이에 암석정원을 배치해 시선을 지루하지 않게 했다.

House plan

대지위치 경상남도 하동군 | **대지면적** 387m²(117.27평) | **건물규모** 2개동 각 지상 1층 | **건축면적** 본채 49.5m²(15평), 사랑채 26.4m²(8평) | **연면적** 75.9m²(23평) | **건폐율** 19.75% | **용적률** 22.48% | **최고높이** 3m | **구조** 기초 - 철근콘크리트 줄기초 / 지상 - 콘크리트블록 조적(본채 : 6인치 콘크리트 블록, 사랑채 : 황토블록, 지붕: 기존 구조 활용) | **외부마감재** 벽 - 수성페인트 / 지붕 - 컬러강판기와 | **단열재** 열반사단열재 10mm | **창호재** 청암새시 해안바 | **총공사비** 약 5천만원(가구 포함, 조경 2천만원 별도, 2016년 기준) | **설계·시공** 송림조경연구소 010-9585-7977 http://blog.naver.com/choh7977

3 - 화덕과 아궁이, 테이블, 텃밭 등 볼거리와 즐길 거리가 많은 후원에서는 매주 다양한 활동을 한다.
4 - 철거 때 나온 목재를 활용해 감각적으로 재구성한 대문.

164 CHAPTER 2. 민가

Interior

욕실 및 주방 타일 창원명신건재 | **주방 가구** 진주코리아싱크 | **조명** 국내 오픈마켓 | **현관문** 명품도어 | **방문** 기성제품 | **붙박이장** 주문제작 | **방문** 영림도어

5 - 사랑채의 천장은 구옥 구조 그대로 노출했다.
6 - 사랑채는 아궁이에 불을 지펴 난방한다.
7 - 건축주는 가끔 몸이 노곤할 때면 천연석 구들과 바닥부터 천장까지 황토로 가득한 이 방에서 독서를 하거나 휴식을 취한다.
8 - 기존 주택의 서까래를 멋스럽게 드러낸 거실.

Owner's Tip
"농가 주택에서의 삶을 위한 관점 3가지"

첫째, '어디'. 농가 주택으로 이주한다면 기존 마을 커뮤니티와 어울리는 것이 무척 중요하다. 연고가 있는 지역이나 친척 등 연결고리가 있는 마을이면 좋지만, 그렇지 않다면 이주 전부터 천천히 관계를 다져두는 것이 좋다.

둘째, '어떤 집'. 오래된 구옥을 구매하는 경우 겉으로만 봐서는 리모델링에 적합한지, 비용은 얼마나 들지를 파악하기 어렵다. 집주인이나 주민들로부터 주택의 이력에 대한 이야기를 듣고 전문가와 함께 세심히 살펴보자.

셋째, '텃밭'. 전원생활을 시작하면 텃밭에 욕심이 난다. 하지만, 농사를 직업으로 삼지 않는 이상 너무 큰 텃밭은 오히려 관리도 어렵고 짐만 된다. 하루 노동량 기준 1시간을 넘지 않을 정도의 규모가 적당하다.

두 개의 방을 하나로 터 대가족이 모여도 갑갑하지 않다.

Remodeling Process
리모델링 공사 과정

❶ 본채, 사랑채, 우사로 이루어진 이전 집. 우사와 자잘한 구조물은 철거하였다.

❷ 기둥 교체는 보강작업과 동시에 이루어졌다. 벽은 6인치 콘크리트 블록을 이중 조적했다.

❸ 정원과 이어지는 거실에만 서까래를 노출하고, 나머지는 천장막이 공사를 진행했다.

❹ 구옥은 배면의 배수 상태가 좋지 않아서 리모델링 과정에서 배수관을 새로 시공해야 했다.

❺ 사랑채는 벽체를 허물고 난 후 황토벽돌을 이중으로 조적해 강도와 단열성능을 높였다.

❻ 본채와 사랑채의 지붕은 기존 구조를 철거하는 대신, 그 위에 가벼운 컬러강판 기와를 덧시공했다.

❼ 본채 바닥을 재시공하는 과정에서 철거된 구들 돌은 사랑채의 구들과 후원의 개비온으로 재활용하였다.

❽ 본채 철거 때 나온 고재로 대문을 제작하고 중간 담으로 외부 시선을 자연스럽게 차단한다.

❾ 후원에 아궁이와 화덕, 저장고 겸 암석정원을 시공하고, 전체적인 조경을 마무리했다.

자매가 집을 기억하는 법, 시골집을 고쳐 해안에 머물다

08

바다에서 멀지 않은 거제도 농촌 마을.
그 한가운데, 주인을 잃고 비어 있던 시골집에
정다운 온기가 스미기 시작했다.

대문을 열고 바라본 시골집 '해안에 머물다'. 마당에 있던 재래식 화장실과 창고를 철거하고, 시멘트로 덮여 있던 바닥에 흙을 채워 잔디를 심고 디딤석을 깔았다.

시원하게 사표를 냈다. 조선소에 취업하면서 이곳 거제도로 왔고, 결혼해 낳은 아이가 어느새 7살, 3살이었다. 이제는 한숨 돌려, 자신과 주변을 좀 더 살필 수 있는 일을 하고 싶었던 김윤정 씨. 익숙지 않은 여유에 허덕이며 이 시간을 어떻게 쓸까 고민하던 언니에게, 동생 윤진 씨는 시골집 한 채를 구해 같이 고쳐보자고 제안했다. 거제도의 고등학교 수학 선생님인 윤진 씨도 마침 둘째를 낳고 육아휴직 중이라 시간이 났다. 특히 시골 생활에 대한 로망을 오랫동안 품어온 그녀는, 해본 적은 없지만 왠지 잘 해낼 자신이 있었다.

뜻을 모은 자매는 바로 부동산을 수소문하기 시작했다. 볕 잘 드는 마당이 있고, 서까래가 있는 시골집. 이왕이면 아이들이 올챙이, 메뚜기 등을 보며 놀 수 있도록 논과 밭이 있는 마을이었으면 했다.

일주일에 적어도 3일은 부동산 중개인과 거제도를 구석구석 누볐지만, 마땅한 집은 쉬이 나오지 않았다. 석 달째 접어들어 몸도 마음도 지쳐가던 차, 드디어 조건에 맞는 매물이 나타났다. 농촌마을 '해안'의 중앙에 자리한, 정동향의 안채와 정남향 아래채가 있는 시골집. 서까래가 튼실했고, 시멘트로 덮여 있긴 했지만 넓은 앞마당이 있었다. 공사에 필요한 1톤 트럭이 집 앞까지 들어올 수 있다는 점도 마음에 들었다.

그길로 윤정 씨는 자신의 퇴직금을 털어 집을 샀다. 동네 철물점도 몇 번 가본 적 없는 자매가 덜컥 일을 벌인 것이다. 처음에는 아래채만 온전히 둘이서 고쳐보고, 안채는 전문업체에 맡길 생각이었다. 그런데 선뜻 나서는 이가 없었다. 뜯어보기 전에는 상태를 알 수 없는, 40년 넘은 구옥을 맡기엔 위험부담이 크다는 이유였다. 어렵게 받은 견적도 예상을 훨씬 뛰어넘는 금액일 때가 많았고, 다들 허물고 새로 지으라고만 했다.

"손으로 무언가 만들기 좋아하는 동생이 주로 아이디어를 내고, 이를 현실에 맞춰 제작하는 건 제 몫이었어요. 될 수 있으면 집에서 나온 고재나 작업 중 나온 자투리 재료를 활용했죠. 조명, 선반, 거울, 스위치 커버도 모두 저희가 직접 만든 거예요."

1 - 아래채 대청마루에 앉은 윤 자매. '해안에 머물다'는 꼼꼼하고 현실적인 언니 김윤정 씨(좌)와 즉흥적이고 자유로운 영혼의 동생 윤진 씨(우)의 합작품이다.
2 - 좁다란 길을 따라 들어가면 담 너머 빨간 지붕 아래채와 파란 지붕 안채가 모습을 드러낸다.

3 – 안채 현관에서 내다본 마당.

4 – 하얗게 새 단장을 마친 안채 앞에 선 두 사람.

5 – 아래채 대청마루에서 바라본 마당. 처음 만났을 때 이곳 안채는 여러 번의 리모델링을 거쳐 툇마루 바깥쪽으로 확장되어 있었고, 아래채는 거의 처음 지어진 모습 그대로였다.

6 - 아직 어린 아이들을 위해 안채 침실에는 널찍한 평상형 침대를 만들었다.
7 - 직접 만든 벽 선반, 고재 테이블, 조명 등이 멋스럽게 어우러지는 거실.
8 - 아이들 놀이 공간으로 쓰는 아래채 내부. 반대쪽 벽 일부에는 칠판 페인트를 칠했다.
9 - 자매의 정성이 깃든 스위치와 조명.
10 - 해안 마을로 들어가는 초입에서 바라본 풍경.

결국 안채와 아래채, 마당 공사까지 모두 자매가 직접 나섰다. 아이들 등·하원 시간에 맞춰야 했기에 매일 출근 도장을 찍어도 일할 수 있는 시간은 한정적이었다. 윤진 씨는 아직 돌도 지나지 않은 둘째를 떼어놓을 수 없어 공사 기간 내내 데리고 나와 일했다. 생전 처음 사본 헤라를 들고 벽지를 뜯어냈고, 세월의 흔적이 역력한 기둥과 대청마루도 손수 그라인딩했다. 썩은 기둥이 있던 자리에 보강을 하고, 제각각이었던 안채 바닥 높이는 평평하게 새로 맞췄다. 온수 배관도 직접 깔았는데, 용감하게 나설 땐 언제고 막상 처음 보일러를 가동할 때는 얼마나 떨렸는지 모른다. 바닥에 온기가 돌기 시작하자 윤진 씨가 "언니야, 불 들어온다!" 외치며 감격하던 순간을 자매는 아직도 잊을 수가 없다.

"어느 날, 마당에서 한창 작업하고 있는데 한 할머니가 오셨어요. '여기 우리 엄마가 살던 집인데, 허물지 않고 이렇게 남겨주어서 고맙다' 하시더라고요."

서너 달이면 끝날 줄 알았던 공사는 꼬박 1년이 걸렸다. 이웃집으로 둘러싸인 마을 한복판이라 자칫 다툴 일도 많았을 법한데, 오히려 두 사람은 동네 할머니, 할아버지들과 정이 담뿍 들었다. 대청마루 위에 무심히 놓고 가셨던 잘 익은 홍시, 고구마는 더딘 고단함을 이겨내는 힘이었다고. 집을 기억하고 함께 더불어 사는 법. 자매에게 이 이야기는 이제 시작이다.

유년의 꿈을 집에 그려낸
서산 청운재

십대에 두고 온 꿈을 찾아, 새로운 설레임을 찾아 돌아온 고향집. 속세에 치여 살다 반백 넘어 고치기 시작한 집은 어느새 그의 가슴을 다시 뛰게 했다.

09

여름에 심은 코스모스가 만발하는 청운재 꽃마당. 뒤로 보이는 도비산은 민용 씨의 단골 산책 코스로, 그 위에선 서해바다가 한눈에 담긴다.

'낯익은 아이가 고향집 다락 흑백사진 속에서 누렇게 웃는다'

집을 고치기 직전, 박민용 씨는 충남 서산의 방치된 고향집을 보며 혼란한 감정에 시를 한 편 지었다. 어렸을 때는 그렇게 떠나고 싶었던 집이었는데, 나이 반백을 넘기고 나니 초라하게 허물어지고 있었다. 오래 망설이던 그는 지난 해, 맨몸으로 드릴, 그라인더를 가지고 집 앞에 섰다. 평생을 기자로, 시인이자 캘리그래피 작가로 살아와 집수리에 대한 모든 것이 낯설 수밖에 없었던 그는 고향집 현장 앞에서 도로 '아이'가 되었다.

고생스럽겠지만, 직접 부딪히며 고쳐나가기로 했다. 친구에게 도움을 청하고, 유튜브 영상을 따라하며 주말 밤낮을 매달렸다. 그렇게 1년. 한숨 돌리고 나니 이제 제법 집 모습이 갖춰졌다. 민용 씨는 집 이름을 개구진 글씨로 대문에 박아넣었다. '청운재'. 푸른 구름이 건너가는 고갯길이라는 뜻과 같이 푸른 구름처럼 그는 고갯마루에서 여유롭게 시를 짓고 캘리그래피로 담아내면서 주말을 보낸다.

금요일 저녁이면 민용 씨는 청운재로 향한다. 해가 떠 있을 때 그는 손님을 맞고, 집을 돌보고, 때론 동네 산과 바다를 산책 다니고 낚시를 즐긴다. 모두가 떠나고 침묵과 어둠이 내려앉는 밤엔 시를 구상하고 그것을 화선지 위에 그려낸다. 기자로 살아 온 그가 시를 쓰고 캘리그래피를 하게 된 건 그리 오래된 일은 아니다.

"십년 전쯤, 퇴근길에 캘리그래피 협회 간판을 봤어요. 작품을 구경하는데 가슴이 뛰었죠. 그 뒤로 바로 수강 등록하고 지금까지 이어왔네요."

하지만, 캘리그래피가 익숙해질 때쯤 '무엇을 쓸 것인가'라는 벽에 막혔다. 그때 그는 중학생 시절 덮어두었던 문학 소년을 다시 꺼내 캘리그래피라는 그릇에 담을 시를 직접 쓰기 시작했다. 등단도 하고 작품 활동도 왕성하던 시기, 청운재를 고치기 시작한 것도 그 무렵이었다.

"삶은 결국 설레는 일을 찾아나가는 여정"이라는 그. 익숙해지고 다시 두근거리는 과정 속에서 그의 삶은 대나무처럼 마디를 만들며 뻗어가고 있다. 이제는 유튜브도 시작했다는 민용 씨의 표정에서 늘어난 '마디' 하나가 더 보이는 듯했다.

before

1 - 청운재의 마당. 장식용 항아리를 주워오고 꽃을 심고 자갈을 까는 일 모두 민용 씨가 혼자 해낸 일들이다.
2 - 따뜻한 햇살이 청운재 마당을 풍성하게 채운다.

House plan

대지위치 충청남도 서산시 | **대지면적** 약 135m²(45여 평) | **건축면적** 약 100m²(30여 평) | **수리기간** 12개월 | **수리비용** 약 3,900만원

3 - 1년 넘게 고생스럽게 집 수리에 매달린 끝에 제법 제대로 된 집의 모습을 갖추게 되었다.

4 - 마음을 사로잡는 '재즈블루' 페인트를 선택해 대문에 도색했다.

5 - 아름드리 소나무를 구경할 수 있는 뒤뜰. 시원한 그늘 아래 직접 만든 의자에 앉아 커피와 책을 즐긴다.

6 - 방 두 개를 터서 만든 갤러리에서는 민용 씨와 지인들의 작품 활동이 이뤄진다.
7 - 침실이면서 주방인 공간. 그래도 자는 공간은 직접 만든 파티션으로 나눠줬다.
8 - 갤러리와 이어지는 라운지 개념의 공간을 아기자기하게 꾸몄다.
9 - 작품을 전시하고 손님과 이야기를 나누는 라운지. 가운데 협탁은 옛집 다락방 창호를 이용해 만들었다.

Owner's Tip
"일할 시간과 쉴 시간은 명확히 구분"

시골은 일을 하려면 한 없이 일할 수 있고, 반대로 늘어지려면 한 없이 늘어질 수 있는 곳입니다. 적어도 도시에서의 바쁜 일상에 지쳐 내려오는 분이라면 시골살이에도 쉼표를 둘 필요가 있습니다. 새벽부터 해질 때까지 일하면 귀촌의 지속성을 금세 잃습니다. 예를 들어 하루 8시간 정도 일과를 한다고 하면 딱 4시간 정도만 일하세요. 일이 쌓여 있어도 손을 털어버리세요. 그리고 다른 일상을 보내세요. 시간은 어차피 많으니까요.

Remodeling Process
리모델링 공사 과정

❶ 청운재를 새롭게 탄생시키기 위한 고민의 흔적들

❷ 뒤뜰 화단은 통나무를 일일이 잘라 에지를 만들어주고 잔디를 심었다

❸ 사실 전기공사는 나중에 해야 하는 작업이지만, 야간 작업을 위해 먼저 하고 서까래 공사를 우선적으로 했다.

❹ 상을 대고 초록빛 금속 기와를 올렸다 동네에서는 보기 힘든 컬러라 많은 설왕설래가 있었다.

❺ 넓은 작업실과 갤러리를 만들기 위해 방 사이 벽을 텄다.

❻ 직접 쓴 '청운재'를 금속판 레이저 커팅으로 만들어 대문에 붙였다. 글자 하나당 3만원이 들었다.

❼ 전동 드라이버로 시작해 이제는 제법 공구도 갖췄다. 야외가구나 작품 표구도 직접 만들곤 한다

❽ 뒤뜰에 사과, 복숭아, 포도를 각각 한 그루씩 심었다. 올해 복숭아가 탐스럽게 많이 열렸다

담양에서 '기록'한
슬기로운 귀촌 라이프

30대란 젊은 나이에 각박한 도시 생활을 청산하고 귀촌이란 새로운 삶을 선택한 부부. 시골 자연이 주는 평온함과 이웃의 따뜻한 정을 느끼며 오늘도 마음의 여유를 찾아간다.

(10)

바쁜 하루를 보내도 자연에서 느끼는 여유는 무엇과도 비교할 수 없는 큰 에너지가 된다.

대숲 맑은 생태도시' 담양, 그 명성답게 울창한 대나무 숲이 마을 전체를 감싸는 이곳. 이종찬, 박희원 씨 부부가 이 마을에 정착한 지도 어느덧 1년이란 시간이 지났다. 귀촌 전에는 서울에서 평범한 직장인이었던 부부였지만, 당시 남편 종찬 씨는 고된 사회생활에 지쳐 점점 매너리즘에 빠져들고 있었다. 그때 마침 귀촌에 뜻이 있던 아내 희원 씨에게 고충을 털어놓았고, 며칠 뒤 사직서를 제출하며 귀촌 준비가 시작되었다.

"아내가 평소 관심 있던 꽃차 수업을 진행하는 명인이 이 지역에 계셨는데, 함께 자주 오가다 보니 자연스럽게 담양을 선택하게 되었어요."

우여곡절도 많았던 담양에서 내 집 찾기. 부부는 직접 발로 뛰며 마을 이곳저곳을 다녔고, 발품을 판 끝에 마음을 사로잡은 작은 시골집을 얻었다. 하지만, 오랜 세월을 보낸 낡은 가옥은 손볼 곳이 한두 군데가 아니었는데, 공교롭게 지역에서도 건축 붐이 일어 업체를 구하기 쉽지 않았다. 그때 자칭 '포천 맥가이버'로 불리는 종찬 씨의 아버지가 직접 리모델링을 하자며 제안했고, 그렇게 부부와 시부모님 가족은 험난한 집 고치기 대장정에 돌입했다.

부부는 시골에 내려와 남다른 취미도 생겼다. 리모델링 과정을 영상으로 남겨놨던 아내 희원 씨가 유튜브에 당시 생생했던 공사 현장을 편집해서 올리기 시작했는데, 7개월이 지난 시점에는 구독자 1만명이 넘은 어엿한 유튜버가 되었다.

요즘은 주로 부부의 일상과 이웃 주민 어르신들과의 추억을 기록하기 위해 콘텐츠를 만들어나간다. 공사 기간, 주변 이웃들에게 크고 작은 도움을 받았던 부부는 영상을 찍음으로써 그들과 좋은 추억을 만들고 공유하고 싶다며 감사의 뜻을 표했다.

"귀촌하기 잘했다고 느끼는 건 물론 집터가 좋아서이기도 하지만, 그동안 저희를 많이 도와주시고 챙겨주셨던 좋은 이웃들을 만난 덕분이라고 생각해요."

집보다 이웃 이야기를 할 때 더 흐뭇한 표정을 짓는 부부. 이들이 슬기로운 하루를 보낼 수 있는 이유는 따스한 햇볕만큼이나 이웃들의 따뜻한 정이 있었기 때문이다.

before

1 – 두 갈래길로 나뉘는 대지 위에 얹힌 부부의 집. 깔끔한 외관이 유독 눈길을 사로잡는다.

2 – 시부모님과 함께 네 식구가 직접 뜯어 고친 부부의 시골집. 최근에는 이웃 주민들의 도움을 받아 집 앞 마당을 하나둘 채워가고 있다.

House plan

대지위치 전라남도 담양군 | **대지면적** 약 240m²(72여 평) | **건축면적** 약 55m²(16여 평) | **수리기간** 3개월

3 - 정원 캠핑 감성을 위해 소각로 주위로 벽돌을 쌓아 만든 화덕
4 - 거실 입구에는 바닥 단차를 생각해 종찬 씨의 아버지가 직접 디딤대를 만들었다.
5 - 이 집의 메인 스트리트 역할을 하는 2m 확장한 테라스 겸 전실 공간

6 - 좁은 내부 탓에 거실을 영상 편집 작업 공간으로 활용하고 있다.

7 - 주방 선반에는 희원 씨가 꽃차 명인에게 배워 만든 꽃차를 가지런히 정리해 놓았다.

8 - 거실과 이어진 주방 공간. 작은 창을 통해 전실과 연결된다.

9 - 부부의 안방 끝에는 커튼을 달아 미니 드레스룸 공간을 확보했다.
10 - 돼지 감자를 캐는 종찬 씨. 그 모습을 희원 씨가 영상으로 기록하고 있다.
11 - 마당에 가꾼 작은 텃밭. 올가을 심은 쪽파, 상추, 배추 등이 어느새 무럭무럭 자라 있다.

Owner's Tip
"마을 이장님과 친해지세요"

요즘은 인터넷으로도 시골집 매물을 확인할 수 있지만, 모든 매물이 올라오는 것이 아니기 때문에 직접 내려와서 정보를 얻는 것이 좋습니다. 저희 부부가 체험한 바로는 귀촌할 지역을 선정하고, 해당 지역의 이장님을 찾아뵙는 게 가장 빠른 방법이었습니다. 물론 무턱대고 이장님께 매물 정보를 부탁하는 것보다는 조금씩 대화를 하며 진정성 있는 모습을 보여주는 것이 가장 중요합니다.

빔 프로젝터를 놓은 안방에서는 주로 지난 영상들을 보며 추억을 회상한다.

Remodeling Process
리모델링 공사 과정

❶ 주방, 거실부터 본격적인 철거를 진행하는 종찬 씨 아버지

❷ 기존에 높았던 바닥을 낮추기 위해 가족 모두가 나서 바닥 철거를 진행했다.

❸ 천장 벽지를 뜯고 먼지를 턴 다음 단열을 위해 단열 폼 스프레이를 뿌린 모습

❹ 화장실과 보일러의 배관을 가지런히 정리하는 부자

❺ 거실과 부엌의 바닥 보일러 공사를 위해 X-L 파이프를 설치했다.

❻ 미장 작업은 40년 경력의 프로 미장사인 이웃 어르신의 도움을 받아 진행됐다.

❼ 전면 2m 확장한 공간 위로 샌드위치 패널 지붕을 올려 마감한 모습

❽ 안방의 바닥을 낮추는 도중 물길을 건드려 누수가 진행돼 옹벽, 몰탈 등으로 보수하는 작업 공사 중 가장 난제였던 이때를 떠올리면 절로 고개를 젓게 된다고

chapter
03

작업실 & 스테이 Work Space & Stay

오래된 집만이 가지는 힘이 있다. 나만의 취미나 공예 작업을 위한
작업실, 때로는 지친 여행자의 쉼터가 되어주는 시골집을 만났다.

한옥에서 자연과 여유를 팝니다
르꼬따쥬 Le Cottage

고이 간직한 250년 세월이 손녀의 손길에 반짝이며 되살아난다. 농부가 되어 소박한 삶을 나누고자 고향으로 돌아온 송지혜 씨 이야기.

01

안으로 들어가면 옛 구조를 살린 공간과 빈티지 가구, 소품이 자연스럽게 어우러진다. 나지막한 테이블은 할머니의 떡판으로 만든 것이다.

스위스, 프랑스, 멕시코, 태국, 베트남 등 10년 가까이 세계 각국의 호텔에서 일했다. 한국으로 돌아와 호텔리어의 삶을 이어나가면서도 송지혜 씨는 늘 새로운 꿈을 꿨다. 2개 국어로 행사를 진행하는 국제 MC를 준비해 본격적으로 일을 시작하게 된 것도, 집안 대대로 내려온 고택을 고쳐 농업회사법인 '르꼬따쥬(Le Cottage)'를 만든 것도 누군가에겐 그저 무모한 도전일지 모른다. 하지만 그녀에겐 설렘이었고, 삶의 또 다른 발견이었다.

"새로운 일 몇 가지를 한꺼번에 시작하게 됐어요. 국제 MC로서는 콘퍼런스나 방송 제작 발표회 등을 진행하고, 르꼬따쥬 대표로서는 250년 넘은 이 한옥과 자연 속에서 소박한 삶의 방식을 공유해요. 극명하게 다른 두 개의 삶을 오가며 살고 있죠. 그래서 요즘 사는 재미는 있어요(웃음)."

'ㄱ'자 구조의 한옥 본채는 할머니, 할아버지께서 살고 계신 집으로, 아직 옛 모습 그대로다. 르꼬따쥬를 꾸린 곳은 마구간으로 쓰였다던 별채. 뒷마당으로 확장한 건물까지 합쳐야 11평 남짓 되는 작은 공간이다. 맏딸인 지혜 씨를 필두로 결혼한 두 동생 내외까지 다섯 식구가 모여 법인회사를 설립하고, 푹푹 찌는 더위를 이겨내며 직접 발품을 팔아 직영으로 공사했다. 기둥 하나하나, 격자무늬 원목 창문까지 손수 다듬었고, 정원에 잔디를 깔고 꽃을 심고 수돗가와 모래놀이터, 모닥불 화로도 만들었다. 가끔 힘에 부칠 때면, 감히 값어치를 따질 수 없는 유산을 운 좋게 누린단 생각을 하며 느슨해진 마음을 다잡았다. 바로 옆 대지에는 목조주택 골조가 한창 올라가고 있었는데, 완공되면 할머니, 할아버지와 함께 지혜 씨가 들어가 살면서 본채도 조금씩 손볼 계획이다.

정성스럽게 매만진 르꼬따쥬에는 가족의 역사가 곳곳에 자리 잡았다. 시집온 지 60년이 넘으신 할머니의 떡판은 티 테이블이 되었고, 그 역사를 가늠하기조차 어려운 맷돌은 화분 받침이 되어 정겹게 자리한다. 아버지와 외삼촌이 수집한 LP판들도 선반 위 멋스럽게 진열해 그 시절 감성을 고스란히 전한다.

1 - 안쪽 공간에 어릴 때 치던 피아노를 가져다 두고, 화분과 아버지의 LP판을 올려 장식했다.
2 - 르꼬따쥬를 지키는 '꼬따(Cotta)'와 지혜 씨. 유기견 센터로 보내질 뻔한 상황에 남다른 인연을 맺게 되었다.

3 - 폴딩도어를 활짝 열어 두면 주변 풍경이 안으로 한가득 담긴다. 현관문과 폴딩도어는 모두 직접 디자인을 구상해 원목으로 제작한 것. 조명까지 하나하나 세심하게 고르고 신경 썼다.

4 - 뒷마당에서 바라본 외관. 한쪽 벽에 각종 정원용품과 오래된 나무문을 기대어 두었다.

5 - 손님을 반기는 입간판의 작은 화분과 수도꼭지 디테일이 앙증맞다.

6 - 선반에 진열된 각종 소품과 화분, 음반들.

7 - 자매는 어릴 적 기억이 담긴 할머니 집 마당에서 자연과 여유를 마음껏 누린다.
8 - 오후 3시, 햇살이 쏟아져 들어오는 시간. 스페인에서 건너온 빈티지 램프는 그녀가 아끼는 물건 중 하나.

"라이프스타일 팜(Lifestyle Farm)이라고 하면, 도대체 뭐 하는 곳이냐고들 물어보세요. 사실 한마디로 정의하긴 어려운 공간이죠. 아이들이 씨앗을 심어 열매가 달리기까지 모든 과정을 경험할 수 있는 체험 농장이기도 하고, 화분과 식물, 다양한 리빙 아이템을 판매하는 편집숍이자 각종 모임이 열리는 문화 살롱이기도 하니까요."

이 안에서의 콘텐츠는 사람들과 함께 만들어나가고 싶다는 지혜 씨. 공사를 마치고 맞은 첫 가을, 르꼬따쥬를 임시 오픈하고 가든마켓과 플라워 클래스를 성공적으로 마친 참이다. 정식 오픈은 돌아오는 봄에 할 예정. 날씨가 따뜻해지면 정원도 더 풍성하게 가꾸고, 주변 부지에 본격적으로 농장을 조성하려고 한다. 온실도 지어 직접 키운 식물을 판매하고, 마당에는 선베드와 테이블 등을 놓아 차나 샴페인을 즐길 수 있게 할 생각이다. 작은 결혼식이나 파티 공간 등 더 다양한 방식으로 자연을 누리고 쉼을 얻을 수 있는 공간을 선물하고 싶다.

볕 좋은 날, 지혜 씨는 장독에 포도주를 담갔다. 이런 아날로그적인 일상이 너무 좋다며, 맨손으로 벌레를 잡아 문밖에 놓아주는 털털한 그녀. 오늘도 이 오래된 한옥에는 손녀의 맑은 음성이 잔잔히 흩어지고, 찬바람과 함께 포도주도 시간도 향긋하게 익어간다. 따뜻한 이들의 소중한 순간이 하나둘 더해지길 기다리면서.

9 - 고즈넉한 힐링이 가득한 한옥이 아름다운 자연과 함께한다.
10 - 한옥 아뜰리에 한켠에 따뜻한 햇볕이 어우러진다.
11 - 매력적인 공간에는 늘 다른 감성을 느끼게 하는 뭔가가 자리한다.

제주 해변, 오래된 돌집
오후만 있던 일요일

제주도가 고향인 부부가 취향을 담아 고친 돌집. 영화와 음악, 한가로운 바다가 있는 이곳엔 켜켜이 쌓인 시간의 멋, 레트로 감성이 진하게 묻어난다.

02

3 - 주방에서 바라본 모습. 고재로 마감한 창고형 미닫이문과 천장 벽이 빈티지한 가구, 복고풍 포스터와 어우러져 개성 강한 공간을 완성한다.

4 - 인더스트리얼 디자인의 식탁. 창밖으로 보이는 뒷마당에는 필 때를 기다리는 유채꽃이 가득하다.

오밀조밀한 공간을 시원하게 튼 대범한 단층주택. 욕실이 따로이고
거실 겸 다이닝룸 너머로 주방이 보인다.

5 - 일자로 간소하게 마련한 주방에 서면 청정한 제주 해변이 그림처럼 담긴다.
6 - 침대 협탁은 할머니가 쓰던 찻상에 다리를 달아 만들었다. 그 위에 놓인 빈티지 조명과 시계가 분위기를 더한다.
7 - 가장 안쪽에 자리한 침실. 꼭 필요한 가구만으로 아늑하게 꾸몄다.

8 - 높은 박공지붕 선, 별도의 마감을 하지 않고 그대로 살린 흙벽이 인상적이다. 화창한 날엔 폴딩도어를 활짝 열어 앞마당을 누린다.

9 - 이른 봄이면 유채꽃이 만발하는 돌집의 전경. 대문 건물 위에 마련한 루프톱에서 감상하는 노을 진 바다 풍경도 일품이라고.

마당과 바다가 보이는 창가에는 푹신한 소파와 턴테이블을 놓았다. 포인트가 된 네온사인은 존 레논의 IMAGINE 앨범 재킷 사진을 모티프로 주문 제작한 것. 주방 벽에 걸린 철제 선반장은 비싸지 않은 물건이지만 칠이 벗겨진 느낌이 빈티지하게 잘 어우러진다. 그 안에는 영화 <화양연화>에서 배우 장만옥이 쓴 찻잔을 비롯해 그동안 수집한 예쁜 잔들을 넣어두었다.

곳곳에 놓인 영화 포스터와 음반 앨범, 이를 비추는 색색의 조명을 보고 있자면, 홍콩영화 속 한 장면이 떠오르기도 한다. 부부가 가장 좋아하는 건 창가에 놓인 1인용 소파에 앉아 음악을 들으며 인적 드문 바다를 한없이 바라보는 일. 오후 3시쯤 되면 만조가 되어 바닷물이 방파제 높이까지 가득 차오른다.

"<오후만 있던 일요일>은 앨범 어떤날에 수록된 노래 제목이에요. 잔잔한 선율과 한적한 가사를 들으며 이 집과 참 잘 어울린다는 생각을 했죠."

아침이나 볕 좋은 오후엔 바다를 따라 난 산책로를 걷고, 저녁 무렵이면 마당에 모닥불을 피우고 낭만을 즐긴다. 지금 이대로 시간이 멈추었으면 싶은 마음이 드는 곳. 부부의 돌집에는 언제나 일요일 오후의 시간이 흐른다.

어릴 적 기억을 불러오는
공주 봉황재 모던 한옥

100년의 역사를 한 곳에서 볼 수 있는 공주 원도심. 복잡하게 이어지는 골목 속, '봉황재'에서 시간여행 안내자 권오상 씨가 당신을 기다린다.

03

1960년대 도시형 한옥과 중부지방 한옥의 특징을 잘 가지고 있는 봉황재 모던 한옥. 공주시 한옥지원사업의 일환으로 대문과 담장을 새로 조성했다.

공주 원도심 제민천을 따라 하숙마을로 유명했던 곳. 90년대 이후, 신도심으로 사람들이 빠져나가고, 학교에는 기숙사가 생기며 봉황동은 조용한 주거지역으로 바뀌었다. 최근에는 한옥지원사업 및 주거환경개선사업으로 도로가 넓어지고, 구석구석 주차장과 쌈지공원도 잘 조성되어 있다.

대기업을 거쳐 경기관광공사에서 10년 넘게 기획과 마케팅 업무를 해 온 권오상 씨는 공주 원도심에 반해 민간 플레이어 역할을 하고자 봉황동에 둥지를 틀었다. 게스트하우스를 거점 삼아 원주민과 이주민, 마을의 새로운 숍과 공방 등을 네트워킹하며 매력적인 소도시를 만들고자 한 것. 그가 고친 마을 통장님이 사시던 'ㄱ'자 한옥은 1960년에 건축하여 1968년에 증·개축했다고 추정됐다. 한옥과 양옥의 형태가 공존한 모습이 그대로 남아 있었고, 두 달 간의 공사를 거쳤다. 노후되어 더 이상 쓸 수 없는 기둥은 하단부에 새로운 구조목을 대어 보강하고, 시멘트 벽돌로 벽을 재정비했다. 외벽을 보호하기 위해 서까래를 제작해 처마를 더 길게 내고, 지붕으로 시멘트기와를 올렸다. 각 실을 보다 독립적으로 쓸 수 있도록 외부 출입문을 새로 제작하고, 방 사이에는 방음판을 덧대 소음 차단에 신경 쓰는 것도 잊지 않았다.

골조부터 지붕까지 많은 부분을 수리했지만, 삐걱거리는 마루나 잘 닫히지 않는 한식문 등은 떼어내고 약간의 보수 후, 다시 시공해 옛집의 정취를 담았다. 요즘 여행객의 취향에 맞춰 실마다 욕실을 새로 만들고, 마당의 화단도 계절마다 정성들여 가꾼다.

1 - 거실 대청마루에는 여럿이 모여 대화를 나눌 수 있는 널찍한 좌탁과 창가 책상 등 삼삼오오 모일 수 있는 공간을 마련했다.

2 - 전통한옥에서는 대청마루를 제외한 방은 천장을 막아서 사용하는 것이 일반적이나, 개방감과 외관을 위해 연등천장으로 열어 두었다. 각 방에는 개별 욕실을 마련했다.

비 오는 날 처마에 떨어지는 빗줄기 구경하기, 마룻바닥에 누워 낮잠 자기, 밤에 부엌에서 책 읽기…. 봉황재를 찾은 손님들이 다음 게스트를 위해 방명록에 친절히 남겨둔 '이 집 사용 설명서'다. 봉황재의 주인장 오상 씨에겐 이 방명록이 보물 1호다. 어느 날 여행길에 들른 공주 원도심에 반해, 도시 생활을 버리고 과감히 내려와 게스트하우스 주인장으로 변신해 바쁜 나날을 보내왔다.

"이 집과 처음 마주쳤을 때 아내와 눈이 반짝였어요. 도시한옥의 느낌이 고스란히 남아 있었고, 관리도 제법 잘 되어 있었어요. 물론 공사가 시작되곤 다른 이야기였지만요(하하)."
집 뒤로 덧대 있던 작은 하숙방들을 털어내고, 2개월간의 대대적인 공사를 감행했다.

봉황재는 공주 원도심 여행의 베이스캠프 역할을 톡톡히 하고 있다. 오상 씨는 요청하는 손님들이 있다면 직접 도보 답사 가이드를 자처하고, 식당이나 서점 등 마을 네트워킹으로 원도심 살리기에 앞장서고 있다. 덕분에 가족 단위 방문객도 꾸준히 늘고, 외국인 손님 비율도 10%에 이른다.

"공주 원도심은 100년의 시간을 하루에 볼 수 있는 곳이에요. 일제시대 가옥과 도시한옥, 70년대 양옥과 신축 단독주택까지 거의 모든 시대의 건물이 공존하죠."
서울의 대형 아파트 단지 크기라는 공주의 작은 마을 봉황동. 하지만, 그 안에 품은 이야기는 백 년의 시간이다. 봉황재의 시곗바늘은 오늘도 그 시간을 가리키고 있다.

7 - 간단한 조식이 제공되는 주방이 있는 공용 공간.

8 - 목구조와 높이, 창호 등은 일제 강점기 한옥, 부엌문과 창호 하단에 붙어 있는 모자이크 타일은 1960년대~1980년까지만 사용되었던 고가의 재료로 그 시기의 특징을 잘 반영하고 있다.

9 - 안방에는 중부지방 한옥의 특징인 넓은 다락이 딸려 있었다. 공사를 하며 바닥 난방을 따로 설치해 동화책장을 만들었다. 덕분에 어린이를 동반한 가족에게 인기가 높다.

4 - 어릴 적 외갓집, 아니면 문턱 닳듯 놀러 가던 친구 집을 떠올리게 하는 봉황재의 안마당.
5 - 공주시 한옥지원사업의 일환으로 대문과 담장을 새로 조성했다. 주인장 권오상 씨는 손님들의 체크아웃 시간에 출근하고 그날 체크인을 모두 마치면 퇴근하는 일상을 보낸다.

6 - 게스트들은 이곳에서 방명록을 적고 음악을 듣거나, 공주 관련 역사도서들을 읽는다. 주인장이 친절하게 정리해 둔 꼼꼼한 답사지는 여행 계획을 세우는 데 큰 도움이 된다.

7 - 툇마루 바깥쪽에 문을 달아 긴 복도가 되었다.

8 - 외부 창호와 전면 벽체, 마루널 등은 건축 당시의 것을 그대로 유지했다. 시간이 오래 흘러 문틀과 문이 잘 맞지 않았던 부분은 일일이 손으로 끌질 등을 해서 보완했다.

세월과 함께 자리를 지켜온 쪽문과 어우러진 봉황재 안마당.

제주 동북쪽, 조천 앞바다에 몸을 누인 눈먼고래

04

새까만 고래등 지붕을 가진 제주 돌집 두 채. 본연의 형태와 재료에 감각적인 인테리어를 버무린 정겨운 렌탈하우스다.

눈먼고래는 바다고래와 숲고래 두 채의 돌집으로 구성된다. 사진은 나지막한 돌담을 쌓아 공간의 경계를 나눈 바다고래의 다이닝룸.

"눈이 먼 고래가 바다를 헤엄치다 길을 잘못 들어 그만 육지에 부딪히고 말았을 거란 상상을 했어요. 그래서 '눈먼고래'라고 이름 붙였죠."

검고 미끈한 고래 등을 떠올리게 하는 지붕은 새(억새)를 엮어 검은 그물을 씌워 얹었던 제주의 초가지붕을 쏙 빼닮았다. 돌담은 물론, 집의 돌벽, 창을 낸 자리, 두 건물 사이에 놓인 작은 마당까지 그대로 살려 세월의 흔적이 또 다른 얼굴로 자리 잡고 있다.

비가 많고 바람이 센 제주의 기후는 집을 지을 때도 많은 영향을 미친다. 돌과 돌 틈새로 바람이 솔솔 통하게 쌓은 돌담, 지붕만 겨우 보이는 담의 높이, 완만한 곡선을 그리는 지붕은 모두 바람의 영향을 최소화하기 위한 삶의 지혜다. 이를 최대한 살려 가장 제주스러운 집을 만드는 것이 눈먼고래의 지향점. 특히 지붕 작업은 기존 형태를 지켜내는 게 최우선이었다면, 방수 능력이 뛰어나고 해수에 강한 소재로 기능성을 더하는 것이 다음 과제였다. 이는 알루미늄 징크를 평이음 시공하는 것으로 해결했다. 두 채의 돌집 중 바다에 접한 '바다고래'는 3일에 걸쳐 손수 새를 내리고 열반사단열재를 엮어 맸다. 지붕 골조는 바로 옆 주차장에서 아연도 각관을 구부려 하나하나 용접하여 형태를 잡은 후, 크레인으로 들어 올려 얹었다. 또 다른 집 '숲고래'는 이웃의 불편을 염려해 새를 걷지 않고 위에서 바로 골조 공사를 진행했다. 용접하다가 불똥이 새에 튀면 불이 날 수 있어 석면포를 깔고 작업했는데, 바다고래보다 시간은 오히려 더 걸렸다.

각 건물의 내부는 모든 벽을 터 단 하나의 공간으로 만들었다. 방을 없앤 대신 각 공간의 경계에는 현무암을 낮게 쌓아 집 안에서도 제주의 정취를 물씬 느낄 수 있다. 천장에 그대로 노출시킨 서까래는 마치 고래 뱃속에 들어와 있는 듯한 기분이 들게 한다. 인테리어는 현대적 감각을 버무려 세련되게 연출하되, 재료의 물성을 있는 그대로 보여주고 집이 머금고 있는 시간의 흔적을 충실히 드러내는 데 중점을 두었다. 세심하게 철거하여 보관해두었던 대문과 마룻바닥의 고목재는 식탁과 침대, 욕실 문으로 재탄생했다. 애자를 사용해 전선을 그대로 노출한 것도 집 안에서 또 하나의 오브제 역할을 한다.

before

바닷물이 가득
차올랐을 때 처음
만났던 돌집의 모습.

1 - 눈먼고래가 있는 조천리는 비교적 관광객이 많지 않은 조용한 동네다.
2 - 마당에서 바라본 숲고래 모습.

내부는 벽을 터서 시원한 공간감을 확보했다.
노출된 서까래와 기둥, 안으로 들인 돌담에서 세월이 느껴진다.

House plan

대지면적 285m²(약 86.21평) | **건물규모** 지상 1층(본채 + 별채) | **건축면적** 114.21m²(34.55평) | **연면적** 76.36m²(23.09평) | **건폐율** 23.1% | **용적률** 23.1% | **주차대수** 1대 | **최고높이** 3.8m | **구조** 기존 돌집 목구조 + 삼나무 보강 | **단열재** 열반사단열재 40T | **외부마감재** 외벽 기존 돌집 현무암(석조) / 지붕 - 알루미늄 징크 | **담장재** 제주 돌담 | **창호재** 24T 로이복층유리, 알루미늄 시스템도어(폴딩테크, 필로브) | **설계·시공** 지랩(Z_Lab) www.z-lab.co.kr

3 - 숲고래는 침대를 지나 욕실을 향하도록 되어 있다.

4 - 돌담 아래서 제주를 한껏 느낄 수 있는 야외욕조. 말랑말랑한 신소재로 만들어 안전하다.

지붕 골조 공사

바다고래 - 대문 앞 주차장에서 지붕 작업이 이루어졌다.

숲고래 - 새를 걷지 않고 지붕 위에 바로 골조 작업을 했다.

Interior

내부마감재 벽 – 청고벽돌, 고재 목구조 및 현무암 노출 / 바닥 - 셀프 레벨링, 에폭시 라이닝 | **수전 등 욕실기기** 아메리칸스탠다드 | **욕조** 화이트스파 소프트욕조 | **가구 디자인·시공** 매터앤매터(matter&matter) | **조명** 라이마스(LED바 디밍 시스템, 사이공&헥사 등 오브제 조명) | **대문·중문·방문·쪽마루** 방킬라이 위 오일스테인

5 – 숲고래 라운지와 주방부. 바다고래와 사이에 마당을 두고 있다.
6 – 서까래 위 노출된 애자와 전선.
7 – 고재로 만든 식탁에 남아 있는 옛 대문의 흔적.
8 – 역시 옛 대문의 고재로 만든 욕실 문.

Plan

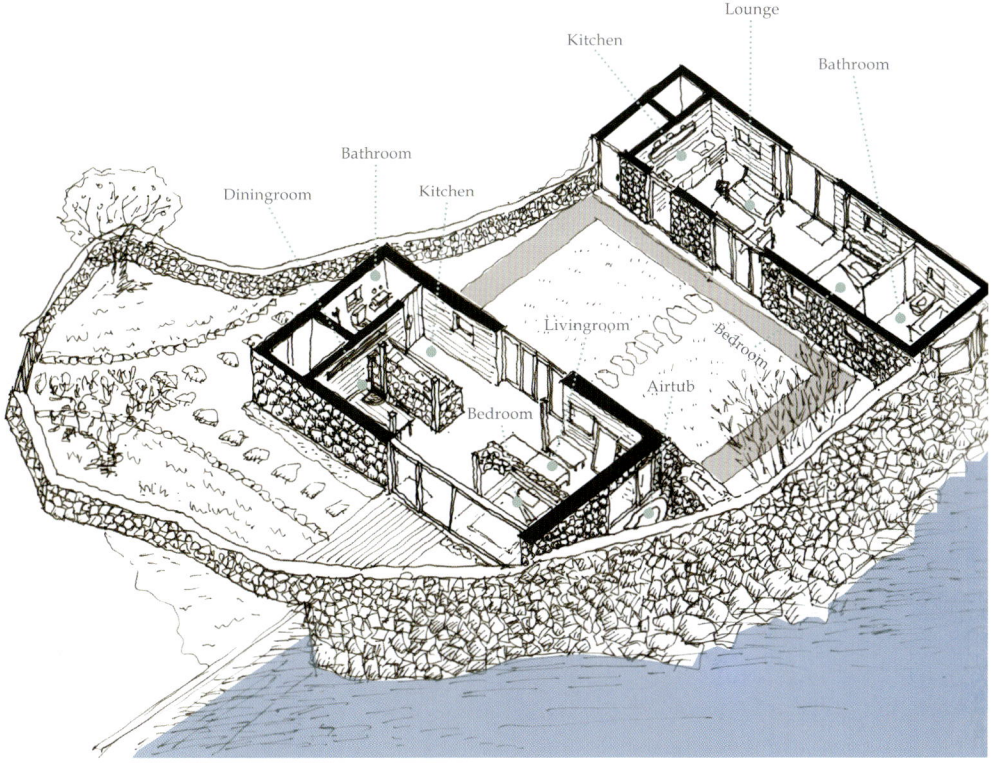

그림 그리는 남편과 수놓는 아내가 사는 집

05

시골에서는 마을 초입의 구멍가게나 노인정이 아닌 다른 시설을 상상하기 힘들다. 이런 동네에 '로뎀나무'라는 갤러리 겸 자수공방이 등장했다.

7,8 - 프랑스 자수를 하는 아내 혜경 씨의 모습.
9 - 작년에 전시했던 작품이 걸려 있는 서양화가인 남편의 작업 공간.
10 - 손때 묻은 화분, 오래된 소품들이 멋스럽게 자리한다.
11 - 아내가 손수 만들고 프랑스 자수로 장식한 가방.
12 - 갤러리 한편에 마련된 아내의 작업 공간.

혜경 씨의 공방이 집 안으로 들어오며 가장 좋아하는 사람은 막내아들 동국이다. 그동안 워킹맘으로 아이들에게 갖고 있던 부채감을 덜어냈다. 대전에서 강의를 하며 서양화가로 활동하는 남편도 작업실이 생기고 집에 머무는 시간이 부쩍 늘었다. 과거에는 늦은 시간에 귀가해 서로 잠든 모습만 보던 사이였지만, 요즘에는 아침마다 화목보일러에 땔 장작을 준비하며 가족들과 도란도란 이야기꽃을 피운다. 그래서 이제 그에게 이 시간은 더없이 소중하고 행복한 시간이 되었다고. 게다가 자연물을 많이 그리는 화가에게 갤러리의 고즈넉한 시골 풍경은 좋은 영감이 되어주고 있다.

"동이 분리되어 있으니, 집에서 나오면 전혀 다른 공간이 또 내 집 안에 있잖아요. 그게 너무 신기해요. 사람들이 찾아와 제가 꾸민 공간을 좋아하는 모습을 보는 것도 즐거워요."
집을 꾸미고 정리하는 일이 제2의 업이 되었지만, 그것마저 즐겁다는 부부. 자신들의 작품을 널리 소개하고, 시골에도 이런 공간이 있다는 것을 알리고 싶다는 부부에게는 숙제가 하나 더 있다. 바로 이 집, 로뎀나무를 마을 주민들과도 함께할 수 있는 공간으로 만드는 것이다. 아직은 어색한 이웃들이지만 시간이 지나 익숙해지면 자연스레 가까워지지 않을까, 부부는 기대한다.

따뜻하고 우아한 삶
장성 스테이 196

주말에는 문을 닫는 카페의 주인장 부부.
오래된 것들을 사랑하는 그들의 욕심 없는 집에는
온화한 시간이 흐른다.

06

친정어머니가 물려주신 재봉틀이 놓인 카페 창가. 스테이196 카페로 들어서면 어디 하나 부부의 손길이 닿지 않은 곳이 없다. 기존 창고를 변신시킨 카페 외에도 남편이 직접 건물 하나를 신축했고, 내부는 아내의 감각으로 빈티지하면서도 내추럴하게 꾸몄다.

전남 장성, 한적한 시골 마을. 양승철, 이진영 씨 부부는 살던 집 마당 한편에 작은 오두막 같은 건물을 하나 더 짓고 카페 문을 열었다. 이름은 번지수를 딴 '스테이196'.

"처음부터 완벽하길 바랐으면 시작하지 못했을 거예요. 좀 서툴러도 살면서 매만지면 되지, 그랬죠."

각종 공사를 도맡았던 이 집의 '기술자' 남편 승철 씨가 그래도 아내의 감각 하나는 인정한다며 곁에서 거들었다. 부부의 아쉬움과는 별개로, 사실 이곳엔 그래서 느낄 수 있는 매력이 있다. 어설프고 투박하기에 더 가까이 다가오는 따뜻하고 편안한 이야기들. 아내가 전체적인 그림을 그리고 남편이 실현한 이곳엔 새것과 옛것이 위화감 없이 어우러진다. 예스러운가 하면 이국적이기도 한, 묘한 분위기에 제주도로 여행 온 기분이라고 말하는 손님도 더러 있었다.

너른 마당을 가운데 두고 세 채의 건물이 빙 둘러 놓인 이곳은 승철 씨의 고향집이다. 카페 별채는 1975년 아버지가 지은 창고였고, 살림집 건물은 수십 년 훌쩍 넘겼으리라 추측만 할 뿐 정확히 언제부터 있었는지 아무도 모른다. 어릴 적 가족이 다 함께 광주로 나가 살면서 오랫동안 비어 있던 이곳에 승철 씨가 아내, 딸과 함께 돌아오게 된 건 5년 전이다. 말기 암 선고를 받은 어머니는 남은 생을 옛집에서 보내고 싶어 하셨고, 부부는 집을 고쳐 함께 이사하기로 했다.

"거의 방치되었던 집이라 괜찮을까 싶었지만, 새로 지을 여유는 없었어요. 목수를 불러다 작업을 맡기고 제가 할 수 있는 일이 있으면 직접하고 그랬죠. 그라인더로 서까래, 기둥 등을 다듬고 핸디코트도 손수 바르고요."

하지만 생각보다 더 일찍 세상을 등진 어머니는 아들이 매만진 옛집으로 다시 돌아오지 못하셨다. 대신 지금은 승철 씨가 태어났던 그 방에서 부부가 잠을 자고 생활한다.

5칸짜리 창고였던 카페 별채는 원래 살림집의 거실 겸 차실로 쓰기 위해 만든 공간이었다. 벽 철거와 트러스 시공, 전기 공사, 바닥 난방까지 모두 승철 씨가 직접 나섰고, 이 경험을 발판 삼아 카페 본동도 혼자 지었다. 시행착오도 있고 몸도 고됐지만 좋은 점도 있었다. 조금 어설프더라도 원하는 방식으로 자유롭게 공간을 만들 수 있다는 것.

"어떤 분은 '돈 들만 한 건 하나도 안 했네' 그래요(하하)."

말은 그렇게 하지만 곳곳에서 빛나는 아이디어를 숨길 수 없다. 카페 별채 카운터는 창고에 있던 자개장을 활용해 만들었고, 철거할 때 나온 상량으로는 조명을 만들어 달았다. 라탄 백, 치즈 그레이터로 만든 조명도 멋스럽다. 벼룩시장 구경하기를 좋아하는 진영 씨가 그동안 하나둘 모은 빈티지 소품은 시간의 흔적을 간직한 고유의 멋으로 분위기를 더한다.

1 - 단둘이서 이곳 살림을 꾸려나가는 부부의 단란한 모습.

2 - 다정한 눈길로 서로를 바라보는 부부. 신축동은 카페를 들어서면 가장 먼저 만나게 되는 곳이다.

3 - 창가의 벤치에 드리운 야생화 자수.

4 - 곳곳에 놓인 빈티지 소품과 드라이플라워가 오래된 집과 잘 어우러진다.

5 - 가장 오래된 역사를 자랑하는 살림집 외관. 세 식구가 생활하는 곳이다.
6 - 세월의 흔적이 물씬 묻어나는 살림집 내부. 그대로 드러낸 서까래와 기둥이 돋보인다.
7 - 넓은 마당에도 손님을 위한 테이블이 아기자기하게 자리 잡고 있다.

카페 별채 출입구 쪽 모습.
평소 컬러풀한 스타일을 좋아한다는 진영 씨의 감각이 돋보인다.

8 - 하나둘 모아 두었던 손때 묻은 조명과 쿠션, 소품 등이 아늑하면서도 오묘한 분위기를 자아낸다.
9 - 잘 말린 꽃을 담은 바구니와 벼룩시장에서 몇천 원씩 주고 산 오래된 그릇들.
10 - 카페 별채의 가장 안쪽에 마련된 룸.

"사람 손을 많이 타니까 집도 버거워하는 것 같더라고요. 잔디도, 꽃과 나무도 쉬어야 싶었어요. 좋아서 오시는 분들께 엉망인 모습을 보여드릴 순 없잖아요."

스테이196은 주말에 문을 닫는다. SNS를 통해 유명세를 타면서 손님이 몰리자 고민 끝에 내린 특단의 조치다. 좁은 시골길에 차가 붐비는 등 동네에 불편을 끼치고 싶지 않기도 했다. 이 외진 곳에 손님이 찾아오는 게 아직도 신기하다는 부부는 누군가 이 공간을 마음으로 오롯이 누릴 수 있다면 그것만으로 충분하다.

"<빈티지 홈>이라는 책의 소제목이 너무 좋아서 처음엔 카페 이름을 '따뜻하고 우아한 삶'이라고 지었어요. 제가 꼭 그렇게 살고 싶었거든요."

커피잔을 내려놓으며 말하는 진영 씨의 목소리가 흐르는 음악 속으로 잔잔하게 흩어진다. 그 마음이 그대로 전해지는 듯한 이곳에서, 손님은 그저 잠시 숨을 고른다.

여행이 시작되는 곳
강화도 감성공간 感性空簡

시골 폐가를 하나 빌려 손수 고친 여행작가의 집. 그녀가 머무는 공간에서는 늘 같은 향기가 난다. 깊이 깔려 있는 시간의 냄새다.

07

60년 된 농가는 그녀의 작업실이자 여행자들을 위한 펜션으로 쓰인다. 대부분의 가구와 소품들은 옛 물건을 직접 리폼한 것이다. 농가에서 차로 10분 거리에 문을 연 카페 '팜스테드'에서는 손님이 원하면 가구와 소품, 패브릭을 판매하기도 한다.

사람마다 감동 받는 지점이 다르다. 차를 대접받았을 때 맛과 향에 집중하는 이가 있고, 찻잔의 모양새와 재질을 먼저 훑는 사람도 있다. 누군가는 차를 내오는 손을 보고 나이를 짐작하고, 손바느질한 티매트에 담긴 정성과 시간을 읽어내기도 한다.

그래서 박광은 씨는 말한다. '누구에게나'보다 '특별한 누군가'에게 감동을 주는 공간이 정답이라고. 강화도가 좋아 무작정 서울을 떠나 온 그녀는 시골 폐가 하나를 빌려 손수 고쳐 살았다. 혼자 페인팅하고 옷감을 응용해 이곳저곳을 꾸미고 나니, 근사한 농가로 탈바꿈한 모습에 신이 났다. 그 뒤로 또 다른 폐가를 물색했다. 그렇게 지금 이 집을 만났고 5분 만에 그 자리에서 계약했다.

그녀의 집은 강화대교 건너 바로 초입에 있다. 큰 도로 주변과 달리 전원 풍경이 펼쳐진 너른 마당을 앞에 둔 'ㄱ'자형 서까래집이다. 두 달 만에 리모델링을 끝낸 집은 여행길에 수집한 소품과 오래된 빈티지 가구가 세월의 때가 낀 농가와 조화롭게 어울렸다.

"강화도인데, 마당으로 들어서면 제주도 같고 문을 열어보면 또 인사동 같다고들 해요. 말 그대로 반전이 있는 집이죠."

뭐든 빠르게 익히고 손재주도 뛰어난 광은 씨는 강화도에서 많은 일을 해왔다. 펜션을 지어 경영하기도 하고, 강화 둘레길을 걷는 여행작가로도 활동했다. 한때는 천연 염색에 빠져 제주도 유명 호텔에 납품하는 인기까지 누렸고, 느닷없이 양고기에 빠져 요리연구만 10년째다. 요즘은 농가를 가끔 여행객들에게 내어주는 호스트 역할도 한다. 미리 예약을 하면 그녀의 양고기 요리도 맛볼 수 있고, 국내에는 거의 없는 프랑스 커피도 대접받는다.

"거창한 사업이 아니에요. 제가 제일 좋아하는 것들로 채운 공간에, 같은 성향을 가진 사람이 찾아오는 거죠. 그런데 의외로 이 공간은 외국 사람이나 젊은 친구들이 좋아해요."

이곳에 오기 전, 그녀는 일본어를 전공하고 호텔리어, 가구 디자이너, 무역업까지 15년간 직장 생활을 해왔다. 여행을 누구보다 사랑했던 그녀는 틈틈이 떠난 여정에서 '여행자의 정서'를 발견했다. 막상 그녀를 감동시킨 건 자연도, 숙소도 아닌 켜켜이 쌓인 '시간의 감성'이었다.

그녀는 농가에서 차로 10분 거리인 국화리에 '팜스테드'라는 이름의 카페를 열었다. 좁고 길어 '뱀산'이라 불리던 땅에 유럽의 옛날 창고 같은 건물을 짓고 손수 인테리어했다. 오랜 기간 소장한 소품과 가구들이 빛을 보는 순간이었다.

1 - 초콜릿색 양철지붕에 단조로운 디자인의 외관을 가진 카페 '팜스테드'.
2 - 미닫이문을 열고 들어서면 코타츠가 있는 내실이 나온다.
3 - 오래된 벽과 기둥, 그녀의 패브릭과 소품이 따듯하게 어우러진다.

4 - 농가 외부 전경. 마당 앞으로 펼쳐진 너른 밭은 5월이면 캐모마일 꽃으로 가득 찬다.

5 - 북유럽에서 쓰던 빈티지 트레일러를 카페 정원에 가져다 놓았다. 주차장에서 이어지는 길에는 야자수 매트를 깔아 내추럴하게 연출했다.

6 - 이국적인 느낌의 쿠션, 빈티지 그릇장, 피코크 체어가 어우러진 포토존.

7 - 오래된 난로가 있는 풍경. 여행지에서 수집한 아기자기한 추억들이 그 배경이 된다.

8 - 목조건물이지만, 내부는 바닥부터 천장까지 시멘트 느낌으로 미장해 이색적이다.

9 - 실제 유럽에서 들여온 빈티지 목재 현관문. 팜스테드 카페의 상징적인 요소다.
10 - 침대 곁 창문에는 아직도 깨끗하게 남아 있는 수수깡과 새끼줄이 보이도록 연출했다.

"카운터 위 펜던트는 예전에 가축병원 온열등에 쓰던 갓이에요. 5년 전에 개당 만 원인가 주고 샀는데, 여기저기 옮겨가며 페인팅으로 색만 몇 번 바꾼 건지 몰라요(웃음)."

화려하지 않은 겉모습에 별 기대 없이 문을 열었는데 완전히 딴 세상에 온 것 같은, 그녀가 여행자들에게 선물하고 싶은 공간이다. 에스닉, 보헤미안, 앤티크 등 스타일을 지칭하는 여러 용어들이 머릿속을 돌지만, 어떤 분위기로 쉽게 정의하기는 어렵다. 분위기만큼 그녀가 마련한 메뉴들도 특색 있다. 강화에서만 맛볼 수 있는 단팥빵과 순무 차, 그녀가 직접 개발한 마약 케이크(대마 씨가 들어가 그렇게 부른다)와 양배추 스무디까지, 그녀의 실험정신이 다분히 전해온다.

공간에 대한 기억이 없다면 물건에 쌓인 추억과 시간도 존재하지 않는다. 강화도에 가면 60년도 더 된 농가에, 그리고 이제 막 지은 작은 빈티지 카페에 그런 추억들을 쌓아둔 그녀의 공간을 만날 수 있다. 여행지에서 누리는 색다른 호사임이 분명하다.

서툴지만 다정한 집
Studio_13

08

제주 동북쪽 마을, 목수를 꿈꾸는 남편과 자칭 '미싱장이' 아내가 쓰러져가던 낡은 집을 마음으로 매만져 완성한 집. 이곳을 다녀가는 손님들은 아늑하면서도 청량한, 휴식 같은 하루를 선물 받는다.

시멘트가 덮여 있던 곳에 흙으로 덮어 조성한 정원을 지나 Studio_13의 측면 문을 열고 들어가면, 축사를 개조한 카페 공간이 나타난다. 손님을 위한 또 하나의 아지트이자 휴식 공간으로, 장작과 돌벽, 패브릭의 조화가 아늑한 느낌이다.

Studio_13이 있는 제주 송당리는 아직 외지인들의 손을 많이 타지 않은 조용한 동네다. 서울에서의 삶을 정리하고 제주로 내려온 채희곤, 이은주 부부는 고즈넉한 동네 정취와 돌담을 두른 마당의 커다란 잣밤나무, 키 큰 야생동백에 반해 이 집을 샀다.

"저희가 가장 노력했던 건 '마을의 분위기를 해치지 않는 것'이었어요. 외지인이 이곳에 들어와 요란 떨고 있다는 느낌을 주지 않으려고 애썼죠."

집의 처음 모습은 쓰레기장이나 다름없었다. 한쪽에 딸린 축사는 물론 화단 흙 속에서도 우산, 자동차 배터리, 음식물이 담긴 플라스틱용기 등 별별 쓰레기가 끝도 없이 나왔다. 이를 정리하고 낡은 문과 창호, 천장, 야외 화장실, 불필요한 벽체 등을 철거하는 작업이 계속됐다.

"디테일한 설계도면 없이 집에 대한 대략적인 구상만 머릿속에 있었어요. 철거해야 할 것과 하지 말아야 할 것을 명확하게 구분하기 어려워서 이런저런 실수가 잇따랐죠. 그런데 가장 큰 사고는 따로 있었어요."

주택 수리 경험이 풍부한지 확인하지 않고 가장 적은 금액을 제시한 철거업체와 계약한 것이 화근이었다. 그나마 쓸 만했던 지붕은 칠만 새로 하려고 했는데, 중장비 기사가 물어보지도 않고 지붕을 부수려다 커다란 구멍을 뻥 뚫어 놓은 것이다. 뚫린 곳은 수습했지만, 비와 바람이 잦은 제주 날씨에 은주 씨는 밤마다 잠을 설쳤고 결국 추가 비용을 들여 수선해야 했다.

부부의 좌충우돌 리모델링 작업은 10월, Studio_13을 오픈하기까지 반년 가까이 걸렸다. 지붕 수리와 설비, 전기, 욕실 공사 등을 외부에 맡기고, 운 좋게 솜씨 좋은 목수를 만나 단열 작업과 다락 공사를 무사히 마쳤다. 전문가가 필요한 공정이 끝나고 나서도 아직 해야 할 일들이 산더미같이 남아 있었다. 축사 개조, 잔디 마당 깔기, 각종 가구 제작과 인테리어 등 폐허나 다름없던 집을 사람 사는 집으로 만들기 위한 고군분투가 이어졌다.

"거실에 단 집어등은 한림항에 가서 구해온 거예요. 할아버지가 나중에 쓰려고 창고에 넣어둔 것 밖에 없다고 하시길래, '주실 때까지 기다렸다 얻어갈게요!'하며 그 옆에 풀썩 앉아 버렸죠."

집어등이 달린 특별한 거실 조명 칭찬에 은주 씨는 숨은 일화를 풀어냈다. 원래는 남한테 아쉬운 소리를 못하는 성격인데, 제주에 와서 왠지 뻔뻔하고 능청스러워지는 것 같다며 멋쩍게 웃는다.

1 – 벽과 떨어진 곳에 후드를 설치하느라 애를 먹었던 주방.
2 – 욕실 위 다락방으로 오르는 계단.

천장을 트고 트러스를 노출시켜 개방감을 더한 내부.
벽면에는 파레트를 해체해 일일이 붙이고 나무로 리네스트라 벽등을 제작해 달았다.

3,4 - 나무 소품과 빈티지한 조명이 있는 현관부.
5 - 깨끗한 느낌의 욕실에도 나무로 세면대장과 거울을 만들어 설치했다.
6 - 직접 만든 패브릭 쿠션이 놓인 소파 공간.

7 - 철물을 달고 각재를 집성해 만든 미닫이문(barn door). 침실에는 포근한 핸드메이드 침구가 준비되어 있다.

8 - 공사 과정에서 떼어둔 철물로 창문 가리개를 만들어 달았다.

9 - 나지막한 지붕이 비밀스러운 다락방.

10 - 지난봄, 예비신부가 머물다 놓고 간 화관을 벽에 걸었다.

11 - 카페 창문 너머로 보이는 돌담과 초록이 싱그럽다.

12 - 축사를 개조한 카페 공간은 거실과 바로 연결된다.

그러고 보면 이 집에는 기성품이 거의 없다. 바닷물에 절어 단단해진 유목(流木)을 주워 조명을 만들고, 자작합판으로 아일랜드 조리대도 직접 만들었다. 싱크대와 식탁, 테이블, 침대와 침구, 조명까지 모두가 부부의 합작품이다. 아내는 패브릭으로 이불이나 베갯잇, 쿠션 등을 만들고 마당을 가꾼다. 그 밖의 가구나 소품은 아내가 어울릴 만한 디자인을 생각해내면 남편이 뚝딱 만들어낸다. 사실 희곤 씨는 서울에서 특이한 구조의 빌라에 살 때 필요한 가구들을 몇 개 만들어본 것이 목공 경험의 전부다. 그래도 늘 근사한 솜씨로 아내를 흐뭇하게 한다.

제주에서 집을 구하고 지금의 Studio_13을 완성하기까지 두 사람에게는 참 많은 일이 있었다. 그 긴 여정을 듣다 보면 마당의 풀 한 포기, 돌멩이 하나도 애틋하게 느껴진다. 고생 끝에 완성한 이곳에서 이제 부부는 매일 손님을 맞이한다. 그냥 보내기 아쉬운 이들과의 짧은 조우가 여전히 익숙하지 않다는 두 사람. 이들의 다정함과 이 집에서 머문 시간은 다녀간 모든 이에게 오래도록 기억될 것이다.

마당에 직접 만든 트리하우스는 또 하나의 즐거움이 되어준다.

Tree House DIY
트리하우스 공사 과정

❶ 지지석과 철물을 이용해 기둥 세우기

❷ 기둥 위에 기초가 될 슬래브 만들기

❸ 바닥과 기둥에 오일스테인 칠하기

❹ 벽면과 지붕 뼈대 세우기

❺ 함석 지붕재로 지붕 얹기

❻ 벽체 세우기&계단 만들기

❼ 페인트 외장 마감

❽ 완성된 트리하우스 모습

❾ 램프, 의자, 테이블 등 내부 채우기

한옥을 개조한 티 콘서트장
카페 메르시

09

홍차와 예술을 너무 사랑해 그 매력을 많은 이들과 나누고 싶었던 그녀. 충청남도 공주의 104년 된 한옥을 단장해 '메르시'라는 갤러리 카페를 오픈했다.

계룡산을 배경으로 한 마을 초입에 놓인 카페 메르시. 내부는 서까래를 노출하고 앤티크 가구와 다기, 자연물로 꾸몄다.

벚꽃과 개나리가 만개한 계룡산을 지나 도착한 충남 공주의 작은 마을. 지나온 산자락이 눈앞에 병풍처럼 펼쳐지는 곳에서 빨간 지붕 집, 카페 '메르시'를 만났다. 파란 대문 옆으로는 자목련이 꽃망울을 터뜨릴 준비를 하고, 카페 주변으로 노란 수선화와 냉이꽃이 방문객을 환대하는 이곳. 주인장 장은수 씨는 봄에 피어나는 목련, 생강나무, 산죽나무, 찔레꽃 네 가지를 쪄서 말린 잎을 블렌딩한 꽃차 '화양연화'를 내놓았다. 손님들에게 이 아름다운 계절의 추억을 담아내고 싶다는 마음으로 직접 개발한 차다. 계절에 나는 꽃과 잎을 이용해 계절차를 선보이고 홍차를 중심으로 꽃차와 보이차, 핸드 블로잉 커피까지 취급한다. 메뉴가 따로 없고 손님의 즉흥적인 요구에 맞춰 직접 블렌딩해 내는 경우가 대부분이다.

줄곧 전업주부로 살아온 은수 씨는 십수 년 전, 홍차를 처음 접하고 그 매력에 흠뻑 빠졌다. 이후 꽃차도 배우고, 세 명의 바리스타를 만나 로스팅부터 핸드 블로잉 커피까지 공부했다. 요즘은 보이차 수업을 위해 한 달에 두 번씩 지리산을 찾을 만큼 열성적인 그녀. 꽃차와 커피는 스승의 재료를 직접 가져다 쓸 만큼 재료 선정도 엄격하다. 이런 그녀의 열정을 알아본 사람들의 권유에 의해 카페 메르시가 탄생했다.

"사장님, 차 한 잔 주세요. 맛있는 거랑 커피도 주시고요."
"세 가지? 알겠어요. 제가 지금부터 티 콘서트를 열어드릴 거예요."

그 집의 차 맛을 알려면 최소 세 가지 차 맛을 봐야 한다는 것이 은수 씨의 지론. 손님이 원한다면 두세 가지 차와 어울리는 티 푸드까지 제공하기에 이곳을 한 번이라도 방문했던 사람이라면 누구나 주문이 길어진다. 한상 크게 디저트를 제공하며 이 차가 어디서 어떻게 만들어졌는지, 어떻게 마셔야 하는지 소개하며 차에 얽힌 이야기를 들려준다. 그래서 그녀가 건네는 찻상은 손님을 위한 일종의 퍼포먼스다. 홍차를 잘 모르던 사람도 향과 맛을 알아가는 즐거움을 느끼길 바라며 매일 손님 한 사람 한 사람을 위해 티 콘서트를 펼친다.

카페 메르시는 무려 백년이 넘은 오래된 농가였다. 상량문에 일제시대 연호인 '대정 2년 (1913년에 지어짐을 뜻함)'이 적혀 있는 한옥을 고치는 작업은 만만치 않았다. 100년의 세월을 보낸 서까래의 울퉁불퉁한 선에 반해 선택한 집이라 무엇보다 서까래를 살리는데 큰 공을 들였다. 전문가를 섭외해 서까래 작업을 마치고 주변을 정돈한 뒤, 사이사이에 흰색 페인트칠을 해 마감했다. 이후 벽체를 보강해 창을 새로 달고, 빨간색 지붕을 올리기까지 무려 1년 2개월이라는 시간이 걸렸다.

1 - 카페 현관을 중심으로 왼쪽 벽면을 살려 파티션으로 꾸몄다. 그 안에 작은 창을 달고 소품을 장식한 데서 주인의 센스를 엿볼 수 있다.

2 - 파란 문을 열고 손님을 환대하는 주인 장은수 씨.

3 - 이희춘 작가의 개인전 '몽유화원'을 전시하고 있는 카페 내부 모습.
4 - 빈티지 다기를 전시한 벽 아래 조팝나무 꽃이 활짝 피었다.
5 - 찻잎을 거르는 티 스트레이너들과 티백을 우린 뒤 얹어두는 티백 트레이.
6 - 손님들이 읽을 수 있도록 카페 곳곳에 시집과 에세이집을 두었다.

은수 씨는 카페를 장식하기 위해 서울 이태원 가구거리를 여러 번 드나들며 앤티크 가구와 소품, 다기를 수집해 직접 인테리어까지 했다.
이렇게 공들인 카페에 은수 씨와 친분이 있는 예술가들이 구원투수가 되어 주었다. 평소 알고 지내는 화가 이희춘 씨는 인테리어와 대문 방향에 대해 조언을 해줬고, 은수 씨는 답례로 카페에 화가의 개인전 '몽유화원'을 열어줬다. 전시의 시작과 함께 카페가 오픈하던 날, 그녀와 연이 있는 무용가와 성악가도 참여해 멋진 공연을 펼쳤다. 늦게나마 가장 좋아하는 일을 찾고 많은 사람들의 도움을 받은 그녀는 카페 이름을 '고맙다'는 의미의 프랑스어 '메르시(Merci)'라 지었다.

은수 씨는 홍차에 대한 열정이 큰 만큼 하고 싶은 일도 많다. 앞으로 카페가 쉬는 날에는 차나 자수에 대한 클래스를 열고, 계절마다 새로운 전시와 공연을 기획하고 있다고. 해마다 사람들과 차의 본고장에 직접 찾아가는 '차 여행'을 떠날 계획도 있다.
"차는 저에게 위로를 주는 존재예요. 지치고 힘들때도 차 한 잔 마시면 다시 살아난다니까요. 손님에게 적당한 맛을 제공하기 위해 늘 먼저 시음해 봐요. 이게 제 에너지의 근원 아닐까요?"
오늘도 그녀의 홍차가게는 차 맛이 궁금한 사람을 위해, 예술을 만나고 싶은 사람을 위해, 위로가 필요한 사람을 위해 활짝 열려 있다.

7 - 홍차를 담아내는 고풍스러운 디자인의 찻잔들.
8 - 수집한 빈티지 풍경을 처마 밑에 달았다.
9 - 은수 씨가 수집한 빈티지 전등과 바구니들은 카페를 아기자기하게 꾸미는 일등공신이다.
10 - 기존의 방은 그대로 보존해 따뜻한 좌식으로 꾸몄다.

여행길의 영감이 가득한
구례 지걸하우스

준엄하게 서 있는 지리산과 유유히 흐르는 섬진강이 공존하는 조용한 동네. 누가 상상이나 했을까. 본 적 없이 이토록 다채로운 집이 손님을 기다리고 있을 줄.

⑩

이국적인 분위기 물씬 풍기는 게스트하우스 응접실. 합판을 대어 직접 제작한 방문은 파란색으로 칠하고 문틀은 분홍색으로 둘렀다. 다양한 장식 속에서도 독보적인 색감이다.

설치미술가이자 지걸하우스 주인장인 박상철 씨. 58년 개띠인 나이에도 자기만의 스타일을 고수한다. 여행자들에게는 '지걸(地乞)'로 더 유명하다. 태국 카오산 로드의 첫 번째 한국인 여행자 쉼터 '만남의 광장'을 만든 장본인이이기 때문이다. 해외여행 자유화가 본격화되기 전부터 다니기 시작해 인도, 네팔, 중국, 라오스, 티벳 등 40년 가까이 동남아 지역을 유랑하며 지내 온 자유로운 영혼의 소유자이다.

비슷한 나이대의 사람들이 퇴직을 준비하거나 삶의 안정을 찾을 때, 그는 취향을 드러낸 게스트하우스를 오픈했다. 아시아 전역을 다니며 익힌 감각과 기술을 유감없이 발휘한 것. 제주에 위치한 티벳 풍경 게스트하우스는 티벳 여행을 준비하는 사람들에게 여행 전 필수 코스로 알려져 있는데, 이 역시 그의 작품이다.

'ㄱ'자 배치의 전형적인 60~70년대의 민가. 세 칸씩 나란한 두 채가 마당을 품고 있다. 마루나 화장실 등이 오래되어 사실상 전면 개보수가 불가피했다. 구례로 거처를 옮기며 이 오래된 농가를 고쳐 작업실 겸 주거 공간으로 쓰던 차였다. 이곳을 방문하던 지인들이 남은 공간이 아깝기도 하고, 이런 모습을 여러 사람이 봤으면 좋겠다며 공유숙박 플랫폼을 권했다고. 그렇게 최소한의 비용으로, 최대한 나답게 지은 결과물이 바로 이곳, 지걸하우스다.

이 집에 있는 모든 건 그의 손에서 탄생했다. 주방의 아일랜드, 침대 프레임, 의자, 방문 등 사실상 손에 잡히는 것, 눈에 보이는 것 전부 직접 만든 것들이다. 여기저기 떠돌며 '생존형 목공 기술'을 익혀 온 솜씨가 발휘되었다. 과감하게 드리운 패브릭이나 비즈 장식 등 일부 오브제는 아시아에 퍼져 있는 친구들의 작품이다.

before

1 - 게스트하우스의 주인장 박상철 씨. 화려한 패턴의 바지와 액세서리가 남다르다. 지금 그가 앉아 있는 벤치는 가끔씩 열리는 연주회나 공연 때 좌석으로 쓰인다.

2 - 주방 아일랜드에서 바라 본 모습. 선반이나 매입된 벽면에는 그가 아시아 전역을 여행하며 모으고 구입한 소품들이 가득하다.

3 - 마당 한켠, 그가 진행 중인 목공 작업이 놓여 있다. 마당에도 색을 칠해 그림을 그릴 계획이다.

상아색의 벽과 천장은 직접 그가 도배했다.
유화 캔버스처럼 거친 질감이 드러나도록 메쉬를 친환경 본드로 노출하듯 붙였다.

4 - 주방 겸 식당 전경. 전체적으로 사용된 목재를 그대로 노출시키는 방법을 택하고 바닥이나 창틀, 방문 등에 파란색을 칠해 시원하고 넓어 보이는 효과를 노렸다.
5 - 주방은 아일랜드 스타일로 꾸미고 상부장 대신 선반을 달았다. 아일랜드는 필요에 따라 앞뒤로 이동이 가능하도록 제작했다.
6 - 실내 가벽은 루버로 꾸몄는데, 그 사이에 비즈를 엮어 매달아 재미를 더했다.
7 - 주택 전면을 채운 벽은 지그재그 스타일로 틀을 만들고 패브릭을 붙였다. 미니 전시회가 열리면 작품을 걸기 수월하다.

8 - 화장실에서도 남다른 그의 감각이 돋보인다. 보라색 바닥과 오리엔탈풍 패브릭이 특히 인상적이다.
9 - 작은 문일까 싶어 열어 보면 거울! 사소한 소품에도 신경 쓴 티가 엿보인다.
10 - 모든 조명은 직접적으로 눈과 마주하지 않도록 시스루 패브릭으로 가렸다. 낮은 소파형 베드도 이국적인 느낌에 한몫한다.

예산이 많지 않았기 때문에 최대한 원래 있던 뼈대는 살리되, 화장실이나 주방 시설 등은 현대석으로 개선하고 창문이나 마루, 방문 등을 뜯고 새로 달아 작은 변화로 효과를 극대화하고자 했다. 고치는 데는 대략 4개월 정도 걸렸다. 일부 구조가 낡은 곳은 보강하고 도배도 직접 했다. 웬만한 자재는 지역에서 직접 공수하고 업사이클링을 통해 다시 생명을 얻은 것도 있다.

상철 씨는 "돈이 부족해도 멋지게, 아름답게 사는 방법을 보여주고 싶었다"며 "예술에 관심 있는 여행자들이나 외국인들이 특히 이곳을 좋아한다" 고 오픈 후기를 남겼다. 원하는 사람들에게는 오브제 만들기 체험이나 가구 제작 노하우를 공유하기도 한다. 그가 만든 세계에 있다 보면 누가 묻지 않아도 내가 원하는 것, 나만의 스타일이 무엇인지 고민해보게 된다. 이게 바로 여행의 묘미가 아닐까.

1940년대 구옥 리노베이션
뉴트로 스타일로 고친 집

70여 년 전에 지어져 오랫동안 폐허로 남아 있던 집이 새 주인을 만나 감각적으로 재탄생했다. 옛스러움 안에 현대적인 느낌을 만들어 낸 여러 시간대의 장면들.

(11)

현관문을 통해 들어오는 툇마루 느낌의 복도에는 오래된 교실 바닥 시새를 구해서 깔아 원래 있었던 것 같은 낡은 질감을 살렸다.

기와집에 살아보고 싶다는 로망이 있었던 안지호 씨. 서울의 경리단길 부럽지 않은 전주 핫플레이스 '객리단길'에서 일하던 중, 오랫동안 방치된 빈집을 발견한 순간 잠시 잊고 있던 꿈이 강제 소환됐다. 이 집을 잘 고치면 혼자 쓰기에 충분한 아지트로 만들 수 있을 것 같은 희망이 보였다.

10여 년간 묶여 있던 재개발구역이 해제되면서 호재를 노리던 사람들이 하나둘 떠나고 그렇게 폐허로 남은 구옥은 알고 보니 1940년대에 지어진 적산가옥이었다. 거의 무너진 바닥과 적지 않게 썩은 나무 기둥, 단열의 흔적도 없는 집. 전문가도 쉽게 나서지 못할 악조건이었음에도 나만의 공간을 꿈꾸며 지호 씨는 극적인 대개조 프로젝트에 착수했다.

일단 목수인 지인을 통해 기초 공사부터 시작했다. 안정적인 구조를 위함은 물론이거니와 물을 사용하는 주방과 화장실의 재배치가 불가피했기 때문에 설비 공사를 위해서는 바닥 공사의 전면적인 조정이 이루어져야 했다. 썩은 기둥은 새것으로 교체하고, 다 걷어냈던 기와는 방수 작업을 꼼꼼히 한 후 쓸 만한 것만 골라 다시 쌓았다.

이 과정에서 목재를 비롯한 각종 자재는 기존과 최대한 비슷한 것들로만 채웠다. 이 집에서 나온 자재를 다른 용도로 재활용하거나 한옥 철거 현장에서 구한 고재 중 마음에 드는 것을 얻거나 선별하고, 길에서 우연히 줍기도 했다. 가능한 기성품을 거의 안 쓰고자 했던 지호 씨의 의지였다.

대신 너무 옛집 느낌을 고수하려다 자칫 촌스러워지지 않도록 필요한 곳에 구로철판 등 금속 재료와 유리로 현대적인 감각을 더했다. 거실 바닥 역시 에폭시로 거칠게 마감해 요즘 유행하는 뉴트로 감성을 연출했다.

기존 기둥의 위치를 중심으로 평면은 완전히 새로 짰다. 대문에서 진입하는 방향대로 현관의 위치를 두고 크게 침실, 거실, 욕실로 나눴다. 거실 앞으로는 감나무와 오죽 등을 심은 작은 뜰을, 뒤로는 천창으로 빛이 쏟아지는 선룸을 두었다. 16평의 작은 규모이지만, 매스가 길어 빛이 도달하지 않는 부분이 염려돼 주방 위에 천창을 설치했다.

오래된 집이다 보니 철거 과정에서 예상치 못한 상황에 맞닥뜨리기도 하고, 남들은 몰라도 내 눈에만 거슬리는 것은 다시 공사하는 등 시간, 비용, 에너지를 들여 완성한 집. 작업자와 함께 한 4개월 뒤에도 타일 시공이나 가구 제작 등은 두 달 넘게 혼자서 이어갈 정도로 정성을 다했다.

1 - 거실에 앉아 누리는 작은 뜰
2 - 침실과 연결된 야외 공간은 데크를 깔고 해먹을 설치해 색다른 분위기를 내고자 했다.

너무 옛집 느낌을 고수하려다 자칫 촌스러워지지 않도록 필요한 곳에 구로철판 등 금속 재료와 유리로 현대적인 감각을 더했다

1년 남짓 이곳에 살았던 지호 씨는 사정이 생겨 공유숙박 플랫폼에 이 집을 등록했다. 팔거나 비워두기에는 쏟은 애정이 아까워 선택한 대안이었다. 혼자 지낼 요량으로 방도 하나뿐이고 단열이 완벽하지는 않지만, 그의 감성과 정성을 이해하는 사람들에게는 반응이 좋은 편. 이렇게 70년 넘은 주택의 생명력이 다시금 반짝인다. 오직 한 사람의 열정으로.

3 - 집의 바탕이 되는 기본 구조뿐만 아니라 레트로한 조명, 라탄 가구와 황마 러그, 직접 제작한 소품과 멋스러운 수형의 식물 등이 아늑한 분위기를 완성한다.

4 - 침대 프레임과 거실 테이블은 나무를 사러 갔다가 얻은 텃밭 상자를 재료로 직접 제작했다.

5 - 실내에서 잘 보이는 곳에 식물을 배치하고 창살은 최대한 얇게 구현했다.

6 – 옆집과 분리된 가벽 안쪽으로 벽돌 타일을 붙인 후, 줄눈 작업을 의도적으로 투박하게 했다.

7 – 집을 고치면서 막혀 있던 천장을 털고 구조를 노출한 덕분에 한층 개방감이 느껴진다.

8 – 거실 뒤편의 선룸. 천장엔 주변에서 보이는 곳은 불투명하게, 안 보이는 곳은 통유리를 설치했으나 여름철에는 직사광선이 너무 뜨거워 천장에 천을 달아 놓았다.

9 – 이 집에서 가장 공들인 곳은 단연 욕실. 야외와 접하지만 프라이빗한 자리에 위치시키고 코너에 욕조를 설치해 단풍나무를 보며 반신욕을 즐길 수 있다.

돈 안 되는 아이템만 모은 자발적 기획공간
공주 원도심 고마다락

⑫

너무 잘하고 싶어서, 정작 시작을 못 하면 아무것도 아니다.
'일단 해 보는 것'으로 가득 찬 공간에서 자발적 인간 민광동 씨를 만났다.

아트북 등 소장도서를 전시한 공간

토요일 아침 7시. 인적 없는 구도심 골목길로 사람들이 하나둘 나타난다. 그들이 향한 곳은 오래된 폐가를 개조한 작은 책방. 남들 곤히 자는 주말 아침, 책방 안의 열기는 유독 뜨겁다.

"소도시 공주에, 그것도 거주인구가 적은 원도심에 조찬 세미나가 가능할까? 선례가 없으니 경험치도 없고, 그렇다면 일단 해 보자! 하고 시작했지요. 첫 시간에 두 분. 그런데, 다음에는 여덟 분이나 참석했어요. 이 정도면 성공적이죠(하하)?"

책방의 주인이자, 세미나를 주최한 '고마다락'의 민광동 씨다. 그는 스타트업 전문 컨설턴트로 대학과 기관에서 매년 200회 이상 강의를 하는 창업전문가다. 지난해부터는 독립서점 책방지기, 집수리 전문가라는 명함이 더해졌다. 어쩌면 연관성 없어 보이는 여러 일을 그는 대부분 혼자 힘으로, 매일매일 해내고 있다.

7년 전, 그는 가족과 충남 공주로 귀촌했다. 아이들을 자연에서 키우고 싶어 대학 시절 은사님이 계신 시골 동네에 흙집을 샀다. 무작정 집수리에 뛰어들면서 건축에도 눈을 떴다. 건재상을 하시는 친구 아버님의 도움을 받아, 공구 사용부터 배관이나 전기 작업까지 어깨너머 마스터하기에 이른다. 사업계획서를 파고드는 소프트웨어적인 직업에 몸으로 부딪치며 해결하는 현장 일이 삶의 균형을 준 것 같았다. 필요한 가구가 생기면 후다닥 짜 버리는 실력이 되자, 폐가 수리에 자신감이 붙었다.

2019년 경영 파트너들의 투자를 통해 공주 원도심 쓰러져 가는 폐가를 구입했다. 그리고 1년간 틈틈이 직접 망치를 들었다. 수리하는 내내 '공간의 쓰임'을 고민했지만, 결국 그의 결정은 가장 돈 안 되는 아이템으로 알려진 '책방 + 평생교육원 + 목공방'이었다. 돈 버는 비즈니스 모델을 강의하는 그가 이토록 사업성 없는 것들만 끌어다 모은 연유는 무엇일까.

"솔직히 하루에 책 열 권을 팔아도 남는 돈은 1만원 남짓이죠. 책방은 수익모델이 아니라 새로운 지식 서비스를 시작하는 기회의 공간으로 생각했어요. 헌책 구독 서비스, 창업 세미나, 집수리 교실 등 다양한 거리를 찾아가고 있죠. 말 그대로 인큐베이팅 단계라고 할까요?"

3월 한 달만 해도 경영 조찬 독서 모임, 나홀로 집수리 교실, 목조주택 교실, 동네 창업 대학원 등을 구상했고, 다들 좋은 반응을 얻고 있다. 이동 중 지하철 안에서, SNS에 책방일기를 쓰다가 불현듯 생각나는 주제들이 고마다락을 통해 모양을 갖춘다. 헌책 구독 서비스도 그렇다. 공주에 헌책방이 없다는 걸 깨닫고, 서점 안에 헌책 공간을 마련해 서비스를 시작했다. 2주에 한 번씩 50~60년대 발행된 산문집 1권과 시집 2권을 랜덤으로 보내주는 식이다.

1 - 폐가의 흔적이 그대로 남은 실내 공간. 책뿐 아니라 인근 목공방의 가구, 스타트업 상품들을 구매할 수 있는 숍인숍이다.
2 - 고서적부터 헌책까지 다양하게 구비되어 있다.

독립서점이라는 사실을 새삼
확인시켜주는 공간. 조용하게
시간을 보내고 싶다면 더할 나위
없는 공간이다.

3 - 책방 한편 마련된 헌책방 코너. 책방지기의 취향이 한껏 드러나는 장소로 옛 책들을 뒤지다 보면 시간가는 줄 모른다.
4 - 민광동 씨가 1년여 직접 수리해 완성한 고마다락

리모델링 결정을 위해 꼭 확인할 것들

내력벽, 기둥, 바닥, 보, 지붕틀, 계단 등 매입한 노후주택의 상태를 꼼꼼히 따져보고 보강, 신설 등의 공사가 필요한 부분을 체크하자. 불법 건축물, 세금 등의 문제도 미리 살펴야 한다.

지붕
- 비가 새는 곳이 있는가
- 지붕 재료가 석면 슬레이트인가 : 오래된 시골집에 많은 석면 슬레이트는 반드시 철거하고 새로 시공해야 한다. 석면 철거는 고용노동부에 등록된 석면해체·제거업자만 가능하다.

건물 구조
- □ 벽식구조 □ 라멘구조

오래된 단독주택은 대부분 벽 자체가 기둥과 보의 기능을 하는 '내력벽'인 벽식구조라 함부로 허물면 안 된다. 벽체가 단순히 칸막이 역할을 하는 '비(非)내력벽'인 라멘구조는 구조 변경이 쉽다.

배관 시설
- 도시가스가 인입되어 있는가
- 수도꼭지를 틀어보았을 때 수압은 적절한가 : 물탱크 방식보다는 직수가 좋으며, 어떤 방식이든 수압이 약하다면 가압펌프라도 사용해야 한다.

건축법 위반 여부
- 지하, 옥상, 발코니 등 무단으로 증축한 불법 건물이 있는가
- 도로가 경사진 경우, 법규상의 지하층이 지상으로 과도하게 돌출되지 않았는가

담장
- 경계선상에 정확히 위치하는가
- 균열이 있거나 붕괴 위험은 없는가
- 공사 중 담장을 철거, 신설해야 하는 상황인가

증축 가능 여부
- 증축·대수선이 가능한 건물인가
- 증축 가능 범위는 충분한가 : 해당 시군구청, 국토교통부 토지이용규제정보서비스 (http://luris.molit.go.kr), 전자민원 G4C(www.egov.go.kr)에서 확인.

건물 공법
- □ 철근콘크리트 □ 조적조(연와조)
- □ 철골조 □ 목조 □ 기타

철근콘크리트, 시멘트 벽돌로 지은 집은 내구연한이 비교적 긴 편이나 경량목재, 경량스틸, ALC 등은 부분 철거 후 강도 측정이 필요하다. 오래된 조적조, 시멘트 블록조 주택은 이미 벽체가 약해져 보강이 요구되는 경우가 많다.

인접 도로
- 도로 경계선이 명확한가
- 도로 폭이 공사차량 등이 접근하기에 충분한가

대지 주변
- 옹벽이 있다면 붕괴 위험이 없으며 구조적으로 양호한가
- 공사차량 주차, 자재 적재 공간이 충분한가

인덱스 Index

chapter 01. 한옥

- **6쪽** 가장 좋은 우리의 집, 21일간 고친 한옥
  ⓒ월간<전원속의 내집> 2018년 3월호 / Vol.229 취재 김연정 | 사진 변종석

- **16쪽** 시골마을에서 만난 여유와 사계절, 서천 임안재
  ⓒ월간<전원속의 내집> 2018년 10월호 / Vol.229 취재 신기영 | 사진 변종석

- **28쪽** 서울 한복판, 네 식구가 사는 따뜻한 한옥
  ⓒ월간<전원속의 내집> 2018년 1월호 / Vol.227 취재 김연정 | 사진 변종석

- **38쪽** 70여 년 세월 머금은 한옥의 변신
  ⓒ월간<전원속의 내집> 2017년 6월호 / Vol.220 취재 김연정 | 사진 변종석

- **48쪽** 살아 있는 디테일의 매력 성북동 한옥
  ⓒ월간<전원속의 내집> 2017년 6월호 / Vol.220 취재 신기영 | 사진 변종석

- **58쪽** 종갓집 고택+ALC주택 경주 효우당
  ⓒ월간<전원속의 내집> 2015년 12월호 / Vol.220 취재 조고은 | 사진 변종석

- **70쪽** 평생 살아온 집을 고치다, 60년 된 청송 한옥
  ⓒ월간<전원속의 내집> 2019년 9월호 / Vol.247 취재 조성일 | 사진 변종석

- **80쪽** 간결한 프레임에 자연 담은 속초 한옥
  ⓒ월간<전원속의 내집> 2021년 1월호 / Vol.263 취재 조성일 | 사진 변종석 & 김한석

chapter 02. 민가

- **93쪽** 비우는 만큼 채워지는 경산 토끼집
  ⓒ월간<전원속의 내집> 2016년 9월호 / Vol.211 취재 이아롬 | 사진 변종석

- **106쪽** 딸이 이뤄준 어머니의 꿈 60년 된 한옥의 단백한 개조기
  ⓒ월간<전원속의 내집> 2016년 8월호 / Vol.210 취재 김연정 | 사진 변종석

- **118쪽** 근심을 잊게 하는 집 예천 망우헌
  ⓒ월간<전원속의 내집> 2016년 9월호 / Vol.211 취재 조성일 | 사진 변종석

- **128쪽** 마음의 풍경을 잇다, 제주 위미 주택
  ⓒ월간<전원속의 내집> 2017년 5월호 / Vol.219 취재 김연정 | 사진 윤준환

- **140쪽** 작은 무대가 있는 시골집, 고창 농가주택
  ⓒ월간<전원속의 내집> 2016년 10월호 / Vol.212 취재 이아롬 | 사진 변종석

- **148쪽** 한옥 마니아의 도전 용인 회담재
  ⓒ월간<전원속의 내집> 2019년 8월호 / Vol.246 취재 신기영 | 사진 변종석

- **158쪽** 옛 추억에 디자인을 더한 진교 농가 리모델링
  ⓒ월간<전원속의 내집> 2016년 9월호 / Vol.211 취재 신기영 | 사진 변종석